실용외국어회화시리즈

루마니아어 회화

이 문 수

한국외국어대학교 출판부

루마니아어 회화

초판1쇄 발행 2000년 9월 01일
초판2쇄 발행 2013년 5월 15일

지은이 : 이문수
발행인 : 박 철
발행처 : 한국외국어대학교 출판부
130-791 서울특별시 동대문구 이문로 107
전화 : 02)2173-2495~7
팩스 : 02)2173-3363
홈페이지 : http://press.hufs.ac.kr
전자우편 : press@hufs.ac.kr
출판등록 : 제6-6호(1969. 4. 30)
인쇄 · 제본 : 네오프린텍 02)718-3111

ISBN 978-89-7464-190-0 18790
정가 : 15,000원(mp3 CD 포함)

※잘못된 책은 교환하여 드립니다.

머리말(Prefaţă)

이 회화 책은 실용 외국어회화 시리즈의 일환으로 루마니아어의 실용회화 표현들을 기초 단계부터 고급 수준에 이르기까지 점차적으로 난이도를 높여감으로써 루마니아어를 전공하고 있는 학생들뿐만 아니라 루마니아어에 대한 예비 지식이 전혀 없는 초보자들도 쉽게 이해하고 활용할 수 있도록 엮어졌다.

이러한 맥락에서 루마니아어 철자 및 발음법도 가능한 한 외래어 표기법에 준하여 각 문장이나 단어 밑에 상응하는 한글 표기법으로 적어 놓았고, 각과의 회화 부분을 저자 및 원어민 교수 등이 직접 녹음하였다.

제1장에선 일상 생활의 가장 기본적인 회화 표현들과 각과의 본문에서는 지면상의 문제로 미처 다 취급할 수 없는 유용한 회화 표현법들과 낱말 및 문법들에 대하여 알기 쉽게 설명하였다.

제2장에선 일상 생활이나 여행에서 자주 일어 나는 상황들을 고려하여 주제별로 유용한 회화 표현법들을 선정하여 낱말풀이와 문법적인 설명을 함께 소개함으로써 초보자들이 본 책자를 가지고 독학으로도 루마니아어 회화를 익힐 수 있도록 하였다.

부록에서는 루마니아어 문법을 도표식으로 일목 요연하게 정리해 놓음으로써 독자들로 하여금 루마니아어 문법의 전체적인 이해를 도모코자 하였고, 아울러 루마니아의 역사, 지리 및 일반적인 정보를 간추려 놓음으로써 보다 실용적인 회화 책자가 될 수 있도록 기획하였다.

끝으로 이 회화 책자가 나오기까지 많은 조언과 도움을 주신 Liviu Groza교수에게 깊은 감사의 마음을 표하며, 아울러 바쁜 중에서도 녹음과 교정 작업에 수고를 아끼지 않고 도와 준 김정환 박사와 여러 학생들에게도 심심한 사의를 전한다.

또한 이 책자와 녹음 테이프가 제작 및 출판되기까지 여러모로 수고해주신 한국외국어대학교 시청각교육원과 출판부의 여러분들에게 이 자리를 빌어 감사드린다.

목차(Cuprins)

제 2 장(Partea a doua)

주제별 회화(Expresiile temelor de conversaţie)

제 3 장(Partea a treia)

부록(Indice)

약어표시(Abrevieri)

a. c. = anul curent : 금년, 올해
아눌 쿠렌트

adj = adjectiv : 형용사
아드젝티브

adv. = adverb : 부사
아드베르브

a.m. = ante meridiem : 오전
안테 메리디엠

Bd., bul. = bulevard : 한길, 대로
불레바르드

S.N.C.F.R. = Societatea Naţională a Căilor Ferate Române
세 네 체 페 레 소치에타테아 나치오날러 아 커일로르 페라테 로므네
: 루마니아 철로(열차)

conj. = conjuncţie : 접속사
콘준치에

coop. = cooperativă : (협동)조합
코오페라티버

c. p. = cai putere : 마력
카이 푸테레

crt. = curent : 현재의
쿠렌트

d., D., dl. = domnul : ~씨, ~선생
돔눌

dlui., Dlui = domnului : ~씨의, ~씨에게
돔눌루이

dna., Dna. = doamna : ~부인, ~여사
도암나

dnei., Dnei.= doamnei : ~부인(여사)의, ~부인에게
도암네이

dşoara. = domnişoara : ~양
돔니쇼아라

dv., Dv., dvs.,Dvs. = dumneavoastră : 당신(존칭)
둠네아보아스트러

dta., Dta. = dumneata : 당신, 자네(내리존칭)
둠네아타

f. = feminin : 여성(명사)
페미닌

kg. = kilogram : 킬로그램
킬로그람

km. = kilometru : 킬로미터
킬로메트루

m. = metru : 미터
메트루

m. = masculin : 남성(명사)
마스쿨린

m.p. = metru pătrat : 미터
메트루 퍼트라트

n. = neutru : 중성(명사)
네우트루

O.N.T. = Oficiul Naţional de Turism : 관광국
오 네 테 오피치울 나츠오날 데 투리즘

pag. = pagină : 페이지 ,면 , 쪽
파지너

pl. = plural : 복수
플루랄

prep. = prepoziţie : 전치사
프레포지치에

p.m. = post meridian : 오후
포스트 메리디엔

P.T.T.R. = poştă, telegraf, telefon, radio : 우편, 전신, 전화
페 테 테 레 포슈터 텔레그라프 텔레폰 라디오

ş.a.m.d. = şi aşa mai departe : 기타 등등
쉬 아샤 마이 데파르테

Sf. = sfântul : 성자
스픈툴

sg. = singular : 단수
싱굴라르

str. = strada : 거리
스트라다

TAROM. = Transporturile Aeriene Române: 루마니아 항공
타롬 트란스포르투릴레 아에리에네 로므네

trim . = trimestrul : 분기
트리메스트룰

vol. = volumul : 권
볼루물

01 루마니아어의 특성(Caracteristicile limbii române)

루마니아어는 라틴어에서 유래된 로망스어의 일종으로서 문법적인 체계가 프랑스어나, 스페인어, 이탈리아어, 포르투갈어 등과 유사하며, 그 중에서도 이탈리아어와 함께 소위 동 로망스어에 속해 있는 관계로 발음법에서도 가장 유사한 모습을 보여 주고 있다. 예들을 몇 가지 들어보면, 라틴어의 cantare(노래하다)동사의 2인칭 단수 형태인 cantas를 서 로망스어들인 포르투갈어 및 스페인어에선 그대로 보존하고 있는 반면 이탈리아어와 루마니아어에선 라틴어의 어말 자음 -s 를 보존하지 못하므로, 각기 canti 및 cânţi 형태를 취하고 있다. 같은 맥락에서 명사의 복수 형태도 서 로망스어들은 라틴어의 복수 목적격 형태를 취하는 반면, 동 로망스어들은 주격 형태를 사용하고 있다. 예컨데 라틴어의 '집'(casa)이라는 명사의 복수 목적격 형태는 casas이며 주격 형태는 casæ이다. 포르투갈어 및 스페인어에선 라틴어의 목적격 형태인 casas를 주격으로 사용하고 있는 반면에 이탈리아어와 루마니아어에선 case를 보존하고 있다. 루마니아어가 이탈리아어와 유사한 음운 현상을 보이고 있는 또 다른 예를 들어보자면, 연구개 파열음인 c[k]와 g[g]가 전설 모음들(i, e)앞에서 치경 파찰음([ʧ], [ʤ])화하는 것이다.
그러나 이미 사어가 된 달마티아어를 제외하면 유일하게 발칸 로망스어를 대표하고 있는 루마니아어는 역사·지리적인 여건으로 인하여 일찍이 자매 언어들과의 교류가 단절되면서, 비잔틴 문화권과 슬라브 문화권 등과 같은 비 라틴 문화권과의 접촉으로 인해 독특한 발달 과정을 겪게 되었다.

루마니아어는 오늘날 루마니아 영토 내에서 사용되고 있는 소위 다코-루마니아어(Daco-român) 이외에도 아루마니아어(Aromân), 메글레노-루마니아어(Megleno-român), 이스트로-루마니아어(Istro-român) 같은 광의의 방언들을 가지고 있으며, 이들이 공통조어를 지니고 있다는 사실로 미루어 보아, 이 방언들은 분리되기 이전까지는 매우 밀접한 유대 관계를 맺고 있었으나 타민족들, 특히 슬라브 민족들이 이 지역으로 이주해 옴으로써, 오늘날과 같이 흩어지게 된 것으로 알려지고 있으며, 그 시기는 A.D. 6~10세기로 추산되고 있다.

오늘날 현존하는 최고의 루마니아어 문헌은 타 로망스어들에 비해 5~6세기 장도 늦은 15세기 초인 1521년 네아크슈(Neacşu)라고 하는 한 개인이 쓴 사신이며, 최초의 책은 1559년 루터의 교리 문답서를 루마니아어로 번역한 것으로 전해지고 있다. 하지만 실제로는 이 보다 훨씬 이 전인 13세기부터 루마니아어의 고유명사들이나 기타 어휘들이 고대 교회 슬라브 성서 등에 키릴 문자(Cyrillic alphabet)로 표기되어 나타나기 시작한 것으로 알려지고 있다.

유럽의 대부분 지역에서 고조되었던 민족주의 운동과 시민들의 자각은 루마니아에서도 18세기 중엽부터 트란실바니아지방의 학자들에 의한 민족주의 운동과 더불어 라틴문화의 복고운동 및 루마니아어 순화 운동으로 전개됨으로써 그 당시까지 사용되고 있었던 키릴 문자를 로마 문자로 대체하려는 시도로 이어졌으나, 19세기 중엽 당시 공국이었던 발라키아(현재: 문테니아)와 몰다비아(현재: 몰도바)가 연합될 때까지도 키릴 문자의 완전한 퇴치가 달성되지 못하였으며, 오늘날과 같이 로마 문자가 전면적으로 도입된 것은 20세기 초에 접어들면서 가능하게 되었다. 즉 대부분의 루마니아어 철자들은 로마 문자로 표기되었지만, 라틴어나 다른 로망스어들에는 존재하고 있지 않고 유독 루마니아어에서만 사용되고 있는 일부 음가들에 대해서는 여전히 키릴 문자로 표기하였던 과도기를 거친 후였다.

루마니아어의 음성·음운론적인 특성으론 우선 라틴어나 타 로망스어들에서는 찾아볼 수 없는 음소들인 ă[ə], â=î[ɨ], ţ[ʦ], ş[ʃ] 등의 존재이다. 이들의 기원에 관해선 아직도 이 지역의 토착어인 트라코-다키아어로부터 물려받은 것이라는 학설과 후에 이 지역으로 이주해온 슬라브 민족들의 언어에서 차용하였다는 학설을 주장하는 학자들간의 의견이 다소 분분하다.
일부 어휘에서 어두음 e 가 [ie]로 발음되는 소위 'i 모음화 현상'(ioticisation)도 라틴어나 타 로망스어들에서는 발견할 수 없는 현상으로 슬라브어의 영향에서 기인하였다는 학설이 지배적이다. 또한 오늘날 대부분의 로망스어들에선 완전히 사라졌거나 또는 철자로만 사용되고 실제로는 묵음되고 있는 성문・마찰음 h[ɦ] 의 존재를 들 수 있다.

형태・통사론적인 특성으론 무엇보다도 어미 형태의 정관사를 꼽지 않을 수 없다. 이 현상은 발칸 지역에 처해 있는 일부 언어들에서만 나타나고 있으므로 소위 발칸 언어적인 현상들 중의 하나로 알려지고 있다. 발칸 언어적인 요소로는 또한 부정법(infinitiv)의 용법이 접속법(conjunctiv)에 의해 축소되었다는 점과 문장내의 어순에서 인도-유럽어의 기본적인 주어+동사+목적어(S+V+O)의 어순에서 주어와 목적어가 도치되는(O+V+S) 어순이 일반적이라는 점이다.

그 외에도 루마니아어엔 타 로망스어들에선 없는 중성 명사와 접어 형태의 인칭 대명사가 존재하고 있다. 인칭 대명사의 접어적인 용법에 관한 예를 들어보자면 '어머니가 마리아를 찾으셨다.'라는 말을 루마니아어론 'Pe Maria a căutat-o mama.'라고 하는데 여기서 'o'는 이 문장의 목적어인 Maria 를 가리키는 재생 대명사로서 동사 뒤에서 접어 형태로 사용된 것이다.

어휘론 적인 특성으론 루마니아어의 일상생활용어의 가장 기본적인 어휘만 놓고 볼 때는 90% 이상이 라틴 어원으로 규명되고 있지만, 전체 어휘를 대상으로 하여 조사한 통계 자료에는 라틴어원과 슬라브 어원의 비율이 약 40%씩 차지하고 있으며, 나머지 20%가 토착어로부터 물려받은 기층어원, 희랍어원, 게르만어원, 마자르 어원 및 기타 어원으로 구성되어 있는 것으로 알려지고 있다. 루마니아어에 내재하고 있는 슬라브 어휘는 다양한 문법적인 범주에 걸쳐 있으며, 심지어는 '예'라는 대답을 가리키는 'da'나, 인간의 감성 중에서 가장 핵심적인 말인 '사랑하다'라는 표현조차도 슬라브어원인 'iubi'동사를 사용하고 있다. 그 밖에도 인도-유럽어를 일반적으로 켄툼어(kentum)와 사템어(satem)로 구분하는 기준이 되는 '100'이라는 숫자를 나타내는 말도 타 로망스어들과는 달리 사템어에 속해 있는 'sută'라는 어휘를 사용하고 있다는 점을 간과해서는 안될 것이다.

02 루마니아어 자모(Alfabetul românesc)

A	a	[a]	[아]
Ă	ă	[ə]	[어]
Â	â	[ɨ]	[으]
B	b	[be]	[베]
C	c	[ʧe]	[체]
D	d	[de]	[데]
E	e	[e]	[에]
F	f	[fe]	[페]
G	g	[ghe]	[게]
H	h	[ha]	[하]
I	i	[i]	[이]
Î	î	[ɨ]	[으]
J	j	[ʒe]	[제]
K	k	[ka]	[카]
L	l	[le]	[레]
M	m	[me]	[메]
N	n	[ne]	[네]
O	o	[o]	[오]
P	p	[pe]	[페]
R	r	[re]	[레]
S	s	[se]	[세]
Ş	ş	[ʃe]	[쉐]
T	t	[te]	[테]
Ţ	ţ	[ʦe]	[체]
U	u	[u]	[우]
V	v	[ve]	[베]
X	x	[iks]	[익스]
Z	z	[ze]	[제]

* 모음 â 와 î 는 모두 [으]로 동일하게 발음된다.
* 어두음 e 는 일부 인칭대명사와 a fi(~이다, ~있다) 동사의 활용형태 에서 [예]로 발음된다.

예: el[옐], ea[예아], ele[옐레], este[예스테], era[예라], e[예] 등.

* c, g 는 전설모음(e, i) 앞에서는 각각 [ㅊ], [ㅈ]로, 그밖의 모음앞에서는 [ㅋ], [ㄱ]로 발음된다.

예: Cernavodă 체르나보더, Cisnădie 치스너디에
Carpaţi 카르파치, Constanţa 콘스탄차
Germania 제르마니아, Gigel 지젤
Galaţi 갈라치, Gogoşanu 고고샤누

* ş 는 뒤따르는 모음과 결합하여 1음절로 적는다.

예: Botoşani 보토샤니, Timişoara 티미쇼아라, Iaşi 야쉬

* ţ 음은 실제로는 경음 [ㅉ]에 가까운 소리지만 외래어 표기법상 [ㅊ]로 적는다.
* x 는 개별 용례에 따라 유성음 [gz] 또는 무성음 [ks]으로 발음된다.

예: Alexandru 알렉산드루, taxi 탁시,
excavator 엑스카바토르, examen 엑자멘,
exemplu 엑젬플루, exerciţiu 엑제르치치우

* ch, gh는 단자음은 아니지만 전설모음 앞에서 연구개 파열음 [k], [g] 의 변이음을 나타낼 때 사용된다.

예: cheia 케이아, China 키나,
Gheorghe 게오르게, Sighişoara 시기쇼아라

* oa 와 ea 는 루마니아어에서 이중 모음이지만 한글 맞춤법상 이미 굳어진 어휘를 제외하고는 복모음으로 표기한다.

예: Timişoara 티미쇼아라, soare 소아레, seară 세아러,
Oradea 오라데아, Ceauşescu 차우셰스쿠, ceai 차이

* 그밖에도 루마니아어에서 논란이 되고 있는 이중 및 삼중 모음들에 대해선 이미 익숙해진 표현들을 제외하곤 모두 복모음

으로 처리한다.

예: Ion 이온, iarnă 이아르너 , iar 이아르,
Ioan 요안, Ioana 요아나, Iaşi 야쉬

03 철자법 및 발음(Scriere şi pronunţare)

1) 자음(Consoane)

자음	발음	한 글		보 기
		모음앞	자음앞 어 말	
b	[be]	ㅂ	ㅂ,브	Bucureşti 부쿠레슈티 Bucegi 부체지 slab 슬랍
c	[ʧe]	ㅋ,ㅊ	ㄱ,크	Cernavodă 체르나보더 Craiova 크라이오바 Slănic 슬러닉
d	[de]	ㄷ	드	Doru 도루 Dâmboviţa 듬보비차 Brad 브라드
f	[fe]	ㅍ	프	Făgăraş 퍼거라슈 Focşani 폭샤니 Franţa 프란차 praf 프라프
g	[ghe]	ㄱ,ㅈ	그	Galaţi 갈라치 Germania 제르마니아 Grecia 그레치아 Şag 샤그
h	[ha]	ㅎ	흐	horă 호러 Mihail 미하일 hrană 흐라너 duh 두흐
j	[ʒe]	ㅈ	지	Jebeleanu 제벨레아누 Jiu 지우 Cluj 클루지 Dej 데지
l	[le]	ㄹ,ㄹㄹ	ㄹ	Livada 리바다 Predeal 프레데알 Maramureş 마라무레슈
m	[me]	ㅁ	ㅁ	Moldova 몰도바 Avram 아브람 Neamţ 네암츠 Nicolae 니콜라에
n	[ne]	ㄴ	ㄴ,느	Neptun 넵툰 Bran 브란

p	[pe]	ㅍ	ㅂ,프	pui 푸이 Ploieşti 플로이에슈티 dulap 둘랍
r	[re]	ㄹ	르	Radu 라두 Turda 투르다 Tudor 투도르
s	[se]	ㅅ	스	Sinaia 시나이아 Snagov 스나고브 Venus 베누스
ş	[ʃe]	*	슈	Şag 샤그 Bucureşti 부쿠레슈티 Iaşi 야쉬 Mureş 무레슈
t	[te]	ㅌ	트	Timişoara 티미쇼아라 Traian 트라이안 Nucet 누체트
ţ	[ʦe]	ㅊ	츠	Ţepeş 체페슈 Constanţa 콘스탄차 Neamţ 네암츠
v	[ve]	ㅂ	브	Craiova 크라이오바 Moldova 몰도바 Braşov 브라쇼브
x	[iks]	ㄱㅅ, ㄱㅈ	ㄱㅅ, ㄱ스	examen 엑자멘 taxi 탁시 extrem 엑스트렘 lux 룩스
z	[ze]	ㅈ	즈	Zaharia 자하리아 zmeu 즈메우 praz 프라즈

2) 모음(Vocale)

모음	발음	한글		보기
		모음앞	자음앞 어말	
a	[a]	아		Arad 아라드 Ana 아나 Angela 안젤라 Avram 아브람
ă	[ə]	어		Făgăraş 퍼거라슈 Creangă 크레앙거
â	[ɨ]	으		România 로므니아 Câmpina 큼피나
e	[e]	에		Elena 엘레나 Enescu 에네스쿠 Eminescu 에미네스쿠
i	[i]	이		Ioan 요안 Iliescu 일리에스쿠
î	[ɨ]	으		în 은 învăţa 은버차 coborî 코보르
o	[o]	오		Oradea 오라데아 Oltenia 올테니아 Bogdan 보그단
u	[u]	우		Urian 우리안 Radu 라두 Popescu 포페스쿠

제 1 장(Partea întâi)

일반 회화(Expresiile principale de conversaţe)

제 1 과 인사 및 소개(Salutarea şi prezentarea)

1. 대화(Dialog)

Domnul Kim : Bună ziua, domnule Popescu!
돔눌 김 부너 지우아, 돔눌레 포페스쿠

Domnul Popescu : Bună ziua, domnule Kim!
돔눌 포페스쿠 부너 지우아 돔눌레 김

Domnul Kim : Ce mai faceţi?
체 마이 파체치

Domnul Popescu : Mulţumesc, bine!
물추메스크 비네

Şi dumneavoastră o duceţi bine?
쉬 둠네아보아스트러 오 두체치 비네

Domnul Kim : Mulţumesc, binişor!
물추메스크 비니쇼르

Îmi daţi voie să vă prezint pe soţia mea?
으미 다치 보이에 서 버 프레진트 페 소치아 메아

Domnul Popescu : Mă bucur de cunoştinţă, doamna Kim.
머 부쿠르 데 쿠노슈틴처 도암나 김

Doamna Kim : Sunt foarte bucuroasă să vă cunosc,
도암나 김 순트 포아르테 부쿠로아서 서 버 쿠노스크

domnule Popescu.
돔눌레 포페스쿠

Domnul Kim : Atunci să mergem împreună la cofetărie.
아툰치 서 메르젬 음프레우너 라 코페터리에

Domnul Popescu : Bineînţeles.
비네은첼레스

김씨 : 안녕하십니까, 포페스쿠씨!

포페스쿠씨 : 안녕하십니까, 김 선생님!

김씨 : 어떻게 지내십니까?

포페스쿠씨 : 잘 지내고 있습니다. 감사합니다!
당신께서도 안녕하시지요?

김씨 : 예 덕분에 좋습니다!
당신께 저의 아내를 소개해도 괜찮겠습니까?

포페스쿠씨 : 김 여사님, 당신을 알게 되어서 반갑습니다.

김씨 부인 : 포페스쿠씨, 저도 당신을 알게 되어서 매우 기쁩니다.

김씨 : 자 그러면 우리 함께 커피숍으로 갑시다.

포페스쿠씨 : 좋습니다.

2. 유용한 표현(Expresiile uzuale)

1) 인사(Salutarea)

예! Da!
다

아니오! Nu!
누

안녕하십니까?

아침 : Bună dimineaţa!
부너 디미네아차
점심 : Bună ziua!
부너 지우아
저녁 : Bună seara!
부너 세아라

* Bună ziua! 는 실제로 오전, 오후에 모두 사용한다.
친한 사이에선 오전, 오후 저녁에 상관없이 Bună!부너 로만통용된다.

* 루마니아 사회에서 흔히 남자가 여자에게 또는 아이들이 어른들에게 만나거나 헤어질 때 하는 정중한 인사로 Sărut mâna! 서루트 무나(직역: 당신의 손에 입맞춥니다.) 라는 인사가 있다.

어떻게 지내십니까?

존칭 : Ce mai faceţi?
체 마이 파체치
비존칭 : Ce mai faci?
체 마이 파치

감사합니다.

Multumesc.
물추메스크

감사합니다. 잘 지내고 있습니다.

Mulţumesc, bine.
물추메스크 비네

당신도 별고 없으시지요?

Şi dumneavoastră (o duceţi bine)?
쉬 둠네아보아스트러 (오 두체치 비네)

당신을 알게 되어 반갑습니다.

Mă bucur de cunoştinţă.
머 부쿠르 데 쿠노슈틴처

당신을 다시 뵙게 되어 매우 반갑습니다.

Sunt foarte bucuros(bucuroasă) să vă revăd.
순트 포아르테 부쿠로스 (부쿠로아서) 서 버 레버드

안녕히 계십시오(가십시오)!

La revedere!
라 레베데레

안녕히 주무세요!

Noapte bună!
노압데 부너

조만간 다시(보자)!

Pe curând!
페 쿠른드

내일 다시(보자)!

Pe mâine!
페 므이네

안녕히 계십시오!(오랜 작별)

Rămâneţi cu bine!
러므네치 쿠 비네

안녕히 가십시오!(긴 여정)

Drum bun!
드룸 분

2) 소개(Prezentarea)

저 자신을 소개하도록 허락해 주시겠습니까?

Îmi permiteţi să mă prezint?
으미 페르미테치 서 머 프레진트

우리들을 소개시켜 주시지요?

Vreţi să ne faceţi cunoştinţă?
브레치 서 네 파체치 쿠노슈틴처

우리 서로 안면이 있습니다.

Ne cunoaştem deja din vedere.
네 쿠노아슈템 데자 딘 베데레

저는 안씨를 당신에게 추천하고자 합니다.

Aş vrea să vă recomand pe domnul Ahn.
아슈 브레아 서 버 레코만드 페 돔눌 안

알게 되어 기쁩니다.

Îmi pare bine de cunoştinţă.
으미 파레 비네 데 쿠노슈틴처

김양은 알고 계시죠?

O cunoaşteţi pe domnişoara Kim?
오 쿠노아슈테치 페 돔니쇼아라 김

그녀를 소문으로만 들어서 알고 있습니다.

O cunosc numai din auzite.
오 쿠노스크 누마이 딘 아우지테

이 선생님과 알고 지내기를 바랍니다.

Aş dori să fac cunoştinţă cu domnul Yi.
아슈 도리 서 팍 쿠노슈틴처 쿠 돔눌 이

알게 되어서 반갑습니다.

Sunt încântat de cunoştinţă.
순트 은큰타트 데 쿠노슈틴처

당신을 알게 된 것이 저로서는 커다란 영광입니다.

Este o mare onoare pentru mine să vă cunosc.
예스테 오 마레 오노아레 펜트루 미네 서 버 쿠노스크

저에게는 영광입니다.

Onoarea este de partea mea.
오노아레아 예스테 데 파르테아 메아

가족 모두 안녕하신지요?

Ce face familia dumneavoastră?
체 파체 파밀리아 둠네아보아스트러

3. 낱말 풀이(Cuvinte)

salutare
살루타레
f. 인사

cunoştinţă
쿠노슈틴처
f. 지식, 앎, 면식

prezentare
프레젠타레
f. 소개, 발표

domn
돔
m. ～씨, 신사, 주인

domnul Kim
돔눌 김
김씨

doamnă
도암너
f. 부인, 여사

doamna Popescu
도암나 포페스쿠
김씨 부인, 김여사

domnişoară 돔니쇼아러	f. ~양, 숙녀
domnişoara Yi 돔니쇼아라 이	이양
bun 분	adj. 좋은
zi 지	f. 낮, 하루, 날
ce 체	pron. 무엇, adj. 어느(것)
bine 비네	adv. 좋게, 잘
şi 쉬	conj. 그리고
dumneavoastră 둠네아보아스트러	pron. 당신(2 인칭 존칭)
binişor 비니쇼르	adj., adv. 좋은, 좋게, 잘
voie 보이에	f. 의지
soţie 소치에	f. 아내, 부인, 처
foarte 포아르테	adv. 매우
bucuros 부쿠로스	adj. 기쁜
atunci 아툰치	adv. 자 어서, 그 당시

împreună 음프레우너	adv. 함께
la 라	prep. ~에서, ~로
cofetărie 코페터리에	f. 카페테리아
bineînţeles 비네은첼레스	adv. 물론
a duce 두체	vt. 이끌다, 안내하다
a o duce bine 오 두체 비네	안녕하다, 잘 지내고 있다
a da voie să + 접속법: 다 보이에 서	~하는 것을 허락하다
a face 파체	vt. ~하다, 만들다
a mulţumi 물추미	vt. 감사하다
a da 다	vt. 주다
a prezenta 프레젠타	vt. 소개하다
a se bucura 세 부쿠라	vr. 기뻐하다
a fi 피	vi. ~이다, 있다
a cunoaşte 쿠노아슈테	vt. 알다, 알게되다

a merge
메르제
vi. 가다

4. 문법(Gramatică)

1) 명사(Substantivul)

① 명사의 성(Gen): 루마니아어의 모든 명사들은 남성(Masculin), 여성(Feminin) 및 중성(Neutru) 등과 같은 성을 가지고 있다.

남성 명사:

-자음	: elev, băiat, student, an, ban, profesor
-u	: fiu, leu, metru, membru
-e	: frate, munte, dinte, perete, câine
-i	: ochi, unchi, pui

중성 명사:

-자음	: creion, dicţionar, autobuz, dulap, scaun
-u	: exemplu, teatru, timbru, exerciţiu, muzeu
-e	: nume, prenume
-i	: tramvai, ceai, ulei, taxi

여성 명사:

-ă	: elevă, casă, maşină, studentă, profesoară
-e	: carte, lume, pâine, facultate
-ie	: familie, femeie, cheie, baie
-ea	: cafea, şosea, măsea
-a	: pijama

② 명사의 수(Număr): 루마니아어의 명사는 단수와 복수로 구분되며, 다음과 같은 복수형 어미 형태를 취한다.

남성 명사: -i : student - studenţi, leu - lei

중성 명사: -e : caiet - caiete, dicţionar - dicţionare
-i : fotoliu - fotolii, studiu - studii
-uri : curs - cursuri, stilou - stilouri

여성 명사: -e : studentă - studente, casă - case
-i : carte - cărţi, limbă - limbi
-le : cafea - cafele, perdea - perdele

2) 정관사(Articolul hotărât): 루마니아어의 정관사는 명사 뒤에 어미 형태로 온다.

정관사의 주격:

성 \ 수	단수	복수
남성	-ul -l -le	-i
중성	-ul -l -le	-le
여성	-a -ua	-le

예:

단수

남성: om - omul, student - studentul
중성: caiet - caietul, tablou - tabloul
여성: casă - casa, studentă - studenta

복수

남성: oameni - oamenii, studenţi - studenţii
중성: caiete - caietele, tablouri - tablourile
여성: case - casele, studente - studentele

3) 인칭 대명사(Pronumele personal)

주격, 여격 및 목적격:

격 / 인칭	주격	여격		목적격	
		강세형	비강세형	강세형	비강세형
1.단수	eu	mie	îmi, -mi-	mine	mă, -m-
2.단수	tu	ţie	îţi, -ţi-	tine	te
3.단수	el	lui	îi, -i-	el	îl, -l-
	ea	ei	îi, -i-	ea	o
1.복수	noi	nouă	-ne-, -ni-	noi	ne
2.복수	voi	vouă	-vă, -vi-, v-	voi	vă, v-
3.복수	ei	lor	-le-, -li-	ei	îi, -i-
	ele			ele	le

루마니아어에서는 다른 로망스어들(이태리어, 프랑스어, 스페인어, 포르투갈어 등)과 마찬가지로 각 인칭 별로 동사의 어미 변화가 뚜렷한 차이를 나타내고 있으므로, 주어가 인칭대명사(주격 인칭대명사)일 경우에, 강조적인 용법을 제외하곤 문장에서 주어가 대부분 생략된다.

루마니아어의 인칭 대명사 여격 및 목적격에는 강세형과 비

강세형이 존재하고 있으며, 강세형은 단독으로 사용되거나, 문장 내에서 비 강세형과 함께 사용된다.

예:

Cui aţi dat cartea?	당신은 그 책을 누구에게 주었습니까?
Lui.	그에게 요.
I-am dat cartea lui Radu.	나는 그 책을 라두에게 주었습니다.

직설법에서 인칭대명사 목적격 비 강세형의 위치는 동사 또는 조동사 앞에 온다. 단 여성 3 인칭 단수 목적격 형태인 'o' 는 복합과거 시제에서 동사 뒤에 접어 형태로 온다.

예:

Mă aşteaptă.	그는 나를 기다린다.
M-a aşteptat.	그는 나를 기다렸다.
Mă poţi aştepta?	너는 나를 기다릴 수 있니?
Îl aştepţi?	너는 그를 기다리니?
Nu, nu-l aştept.	아니, 나는 그를 기다리지 않아.
Am aşteptat-o.	나는 그녀를 기다렸다.

제 2 과 의사소통(Înţelegerea)

1. 대화(Dialog)

Domnul Iordan : Vorbiţi româneşte?
돔눌 이오르단 보르비치 로므네슈테

Domnul Yi : Da, vorbesc puţin româna.
돔눌 이 다 보르베스크 푸친 로므나

Domnul Iordan : Bine, dar de unde ştiţi româneşte?
비네 다르 데 운데 슈티치 로므네슈테

Domnul Yi : Am învăţat limba română singur.
암 은버차트 림바 로므너 신구르

Domnul Iordan : Ce limbi străine se predau la şcoală?
체 림비 스트러이네 세 프레다우 라 슈코알러

Domnul Yi : La şcoală învăţăm īndeobşte engleza, şi mai
라 슈코알러 은버첨 은데옵슈테 엥글레자 쉬 마이

învăţăm germana, franceza, japoneza, chineza etc.
은버첨 제르마나 프란체자 자포네자 키네자 엣체테라

Domnul Iordan : De câte ori pe săptămână învăţaţi engleza?
데 크테 오리 페 섭터므너 은버차치 엥글레자

Domnul Yi : Învăţăm engleza de trei ori pe săptămână.
은버첨 엥글레자 데 트레이 오리 페 섭터므너

Domnul Iordan : Vorbiţi româneşte destul de bine.
보르비치 로므네슈테 데스툴 데 비네

Domnul Yi : Îmi menţin cunoştinţele de română prin contact
으미 멘친 쿠노슈틴첼레 데 로므너 프린 콘탁트

cu românii.
쿠 로므니

이오르단씨 : 루마니아어를 말할 줄 압니까?

이씨 : 예, 조금 압니다.

이오르단씨 : 잘 됐군요, 그런데 루마니아어를 어디서 배웠습니까?

이씨 : 혼자서 독학했습니다.

이오르단씨 : 학교에선 무슨 외국어들을 배웁니까?

이씨 : 학교에서 주로 영어를 배우지만, 그밖에도 독일어, 프랑스어, 일어, 중국어 등을 배웁니다.

이오르단씨 : 영어 수업은 일주일에 몇 번(며칠) 있습니까?

이씨 : 우리는 영어를 일주일에 세 번(삼 일) 배웁니다.

이오르단씨 : 당신은 루마니아어를 잘 하시는군요.

이씨 : 저는 루마니아사람들과 접촉하므로서 저의 루마니아어 지식을 유지하고 있습니다.

2. 유용한 표현(Expresiile uzuale)

성함이 어떻게 되십니까?

Cum vă numiţi?
쿰 버 누미치

제 이름은 홍 길동 입니다.

Mă numesc Ghil-Dong Hong
머 누메스크 길 동 홍

루마니아어를 구사하십니까?

Vorbiţi româneşte?
보르비치 로므네슈테

영어를 구사하십니까?

Vorbiţi englezeşte?
보르비치 엥글레제슈테

저는 영어를 조금 압니다.

Vorbesc puţin englezeşte
보르베스크 푸친 엥글레제슈테

저는 루마니아어를 모릅니다.

Nu vorbesc româneşte
누 보르베스크 로므네슈테

어떤 외국어를 구사하실 수 있습니까?

Vorbiţi vreo limbă străină?
보르비치 브레오 림버 스트러이너

이것은 무슨 뜻입니까?

Ce înseamnă asta?
체 은세암너 아스타

이것을 루마니아어로 어떻게 말합니까?

Cum se spune asta pe româneşte?
쿰 세 스푸네 아스타 페 로므네슈테

저는 이해할 수가 없습니다.

Nu înţeleg.
누 은첼렉

저의 영어를 이해하실 수 있습니까?

Înţelegeţi engleza mea?
은첼레제치 엥글레자 메아

제가 말하는 루마니아어를 이해하실 수 있습니까?

Înţelegeţi româna vorbită de mine?
은첼레제치 로므나 보르비터 데 미네

좀더 천천히 말해 주실 수 있습니까?

Puteţi să vorbiţi mai rar, vă rog?
푸테치 서 보르비치 마이 라르 버 록

무엇이라 말씀하셨지요!

Poftim!
포프팀

* Poftim! 은 상대방이 말한 것을 알아듣지 못했을 때 '죄송합니다만 다시 말씀해 주시겠습니까?'의 뜻을 지니고 있다.

저를 도와주실 수 있겠습니까?

Puteţi să mă ajutaţi, vă rog?
푸테치 서 머 아주타치 버 록

좋습니다(동의합니다)!

De acord!
데 아코르드

이렇게 하면 됩니까(이제 되었습니까)?

E bine aşa?
예 비네 아샤

여기에 앉으십시오!

Luaţi loc, vă rog!
루아치 록 버 록

감사합니다!

Mulţumesc!
물추메스크

3. 낱말 풀이(Cuvinte)

înţelegere 은첼레제레	f. 이해
limbă 림버	f. 언어, 혀
limbă străină 림버 스트러이너	외국어
puţin 푸친	adj., adv. 조금, 약간
bine 비네	adv. 잘, 좋게, 훌륭하게
singur 싱구르	adv. 홀로, 혼자서
şcoală 슈코알러	f. 학교
îndeobşte 은데옵슈테	adv. 일반적으로, 원래, 보통
român 로믄	m. 루마니아사람(남자)
română 로므너	f. 루마니아어
românesc 로므네스크	adj. 루마니아의, 루마니아사람의
româneşte 로므네슈테	adv. 루마니아어로, 루마니아어를
destul adj., 데스툴	adv. 충분한, 충분하게

săptămână 섭터므너	f. 주, 7일(간)
contact 콘탁트	n. 접촉, 교제
argou 아르고우	n. = jargon n. 속어, 은어, 자르곤
dialect 디알렉트	n. = grai n. 방언, 언어 그라이
gramatică 그라마티커	f. 문법
ortografie 오르토그라피에	f. 정서법, 철자법
pronunţare 프로눈차레	f. 발음
limba maternă 림바 마테르너	모국어
limbă vie 림버 비에	통용어 ≠ limbă moartă 사어 림버 모아르터
limba literară 림바 리테라러	문어체어 ≠ limba vorbită 구어체어 림바 보르비터
a vorbi 보르비	vt. vi. 말하다, (언어를)구사하다, 담화하다
a pronunţa 프로눈차	vt. 발음하다
a învăţa 은버차	vt., vi. 배우다, 공부하다
a menţine 멘치네	vt. 보유하다, 유지하다, 지속하다

a căuta un cuvânt în dicţionar 단어를 사전에서 찾아 보다
커우타 운 쿠븐트 은 딕치오나르

국가 명칭 및 언어:

	국가	언어
영국	Anglia 앙글리아	engleză 엥글레저
중국	China 키나	chineză 키네저
한국	Coreea 코레아	coreeană 코레아너
덴마크	Danemarca 다네마르카	daneză 다네저
프랑스	Franţa 프란차	franceză 프란체저
독일	Germania 제르마니아	germană 제르마너
그리스	Grecia 그레치아	greacă 그레아커
이탈리아	Italia 이탈리아	italiană 이탈리아너
일본	Japonia 자포니아	japoneză 자포네저
루마니아	România 로므니아	română 로므너
러시아	Rusia 루시아	rusă 루서
스페인	Spania 스파니아	spaniolă 스파니올러
스웨덴	Suedia 수에디아	suedeză 수에데저
터키	Turcia 투르치아	turcă 투르커
헝가리	Ungaria 웅가리아	maghiară 마기아러
미국	SUA(=Statele Unite ale Americii) 수아	

4. 문법(Gramatică)

1) 동사의 유형(Clasificarea verbelor) :

루마니아어 동사의 유형은 기본형의 어미 형태에 따라 5가지 유형(-a, -ea, -e, -i, -î)으로 구분된다. 한편 -a, -i 및 -î로 끝나는 동사들은 현재 인칭 변화에서 활용어미의 유무에 따라 각기 두 가지 형식을 취한다.

-e 동 사			-ea 동 사
a coborî 내려오다	a hotărî 결정하다	a merge 가다	a vedea 보다
cobor cobori coboară coborâm coborâţi coboară	hotărăsc hotărăşti hotărăşte hotărâm hotărâţi hotărăsc	merg mergi merge mergem mergeţi merg	văd vezi vede vedem vedeţi văd

-a 동 사		- i 동 사	
a cumpăra 사다	a deranja 방해하다	a veni 오다	a numi 부르다
cumpăr cumperi cumpără cumpărăm cumpăraţi cumpără	deranjez deranjezi deranjează deranjăm deranjaţi deranjează	vin vii vine venim veniţi vin	numesc numeşti numeşte numim numiţi numesc

2) 동사의 활용(Conjugarea verbelor)
직설법 현재(Modul indicativ, timpul prezent):

a avea vt., va. 가지다		a cumpăra vt., 사다
본동사	**조동사**	
1. am	am	cumpăr
2. ai	ai	cumperi
3. are	a	cumpără
4. avem	am	cumpărăm
5. aveţi	aţi	cumpăraţi
6. au	au	cumpără

a vorbi vt., vi. 말하다	a învăţa vt. 배우다
1. vorbesc	învăţ
2. vorbeşte	înveţi
3. vorbeşti	învaţă
4. vorbim	învăţăm
5. vorbiţi	învăţaţi
6. vorbesc	învaţă

a menţine vt. 유지하다	a preda vt. 건네주다
1. menţin	predau
2. menţii	predai
3. menţine	predă
4. menţinem	predăm
5. menţineţi	predaţi
6. menţin	predau

복합 과거(Modul indicativ, timpul perfect compus) : 루마니아어의 복합 과거는 조동사 a avea + 본동사의 과거분사로 구성된다.

a cunpăra vt. 사다		a	învăţa vt. 배우다
1. am	cumpărat	am	învăţat
2. ai	cumpărat	ai	învăţat
3. a	cumpărat	a	învăţat
4. am	cumpărat	am	învăţat
5. aţi	cumpărat	aţ	învăţat
6. au	cumpărat	au	învăţat

제 3 과 : 가족과 나이(Familia şi vârsta)

1. 대화(Dialog)

Mija : De unde ai fotografia asta, Radu?
미자 데 운데 아이 포토그라피아 아스타 라두

Radu : Am primit-o azi de la părinţii mei.
라두 암 프리미 토 아지 데 라 퍼린치 메이

Mija : În fotografie sunt rudele voastre?
은 포토그라피에 순트 루델레 보아스트레

Radu : Da, suntem o parte dintre rudele noastre.
다 순템 오 파르테 딘트레 루델레 노아스트레

Uite, aici în mijloc e tata, iar lângă el e bunicul.
우이테 아이치 은 미즐록 예 타타 이아르 릉거 옐 예 부니쿨

Mija : Tu semeni bine cu tatăl tău.
투 세메니 비네 쿠 타털 터우

Radu : Da, aşa se spune.
다 아샤 세 스푸네

Mija : Aici e mama ta, nu-i aşa?
아이치 예 마마 타 누 이 아샤

Radu : Da, aici e mama mea.
다 아이치 예 마마 메아

Are cincizeci şi cinci de ani.
아레 친치제치 쉬 친치 데 아니

Lângă ea sunt fratele meu, Matei şi fiul lui, Gelu.
릉거 예아 순트 프라텔레 메우 마테이 쉬 피울 루이 젤루

Nepotul meu are cinci ani şi merge la grădiniţă.
네포툴 메우 아레 친치 아니 쉬 메르제 라 그러디니처

Mija : Fetele acestea din dreapta sunt surorile tale?
페텔레 아체스테아 딘 드레압타 순트 수로릴레 탈레

Radu : Da, sunt surorile mele, Ioana, şi Iulia.
다 순트 수로릴레 멜레 요아나 쉬 이울리아

Amândouă sunt studente. Iulia s-a căsătorit
아믄도우어 순트 스투덴테 이울리아 사 커서토리트

acum un an cu Vlad, un inginer.
아쿰 운 안 쿠 블라드 운 인지네르

Mija : Ce vârstă are sora ta, Ioana?
체 브르스터 아레 소라 타 요아나

Radu : Ea are nouăsprezece ani.
예아 아레 노우어스프레제체 아니

Mija : Ai o familie mare, Radu!
아이 오 파밀리에 마레 라두

Radu : Într-adevăr! Eu ţin foarte mult la familia mea.
은트 라 데버르 예우 친 포아르테 물트 라 파밀리아 메아

미자 : 라두야, 너 이 사진 어디서 났니 ?

라두 : 나는 그것을 오늘 나의 부모님한테서 받았어.

미자 : 사진에 있는 사람들이 너의 친인척들이냐 ?

라두 : 그래, 우리 친인척들 중의 일부지.
여기 가운데 계신 분이 아버지이고, 그 옆에 계신 분이 할아버지이다.

미자 : 너는 너의 아버지를 꼭 닮았구나.

라두 : 그래, 사람들이 그렇다고 해. 그건 그렇고 여기 계신

분이 우리 어머니야.

55세이셔. 그 옆이 내형인 마테이와 그의 아들 젤루이지. 내 조카는 5살이고 유치원에 다니고 있어.

미자 : 오른 쪽에 있는 이 여자들이 너의 누이들이지?

라두 : 그래, 내누이 요아나와 이울리아이지. 그들은 둘 다 대학생들이야.

이울리아는 1년 전에 엔지니어인 블라드와 결혼했단다.

미자 : 너의 누나, 요아나는 몇 살이니?

라두 : 19살이지.

미자 : 라두야, 너는 대가족을 가지고 있구나!

라두 : 맞아, 나는 나의 가족을 매우 좋아한단다.

2. 유용한 표현(Expresiile uzuale)

가족이 많습니까?

Sunteţi o familie numeroasă?
순테치 오 파밀리에 누메로아서

당신은 몇 명의 자매를 가지고 있습니까?

Câţi fraţi şi câte surori aveţi?
크치 프라치 쉬 크테 수로리 아베치

그는 당신과 어떤 친척 관계입니까?

Ce fel de rudă vă este?
체 펠 데 루디 버 예스테

그는 나의 먼 / 가까운 친척입니다.

Este o rudă depărtată / apropiată.
예스테 오 루더 데퍼르타터 / 아프로피아터

아닙니다, 그는 나의 친척이 아닙니다.

Nu, nu îmi este rudă.
누 누 으미 예스테 루더

당신의 형은 결혼했습니까?

Fratele dumneavoastră e căsătorit?
프라텔레 둠네아보아스트러 예 커서토리트

당신은 몇 살이십니까?

Ce vârstă aveţi?
체 브르스터 아베치

Câţi ani aveţi?
크치 아니 아베치

너는 몇 살이니?

Ce vârstă ai?
체 브르스터 아이

Câţi ani ai?
크치 아니 아이

그는 몇 살입니까?

Ce vârstă are (el)?
체 브르스터 아레 (옐)

당신 아들은 몇 살입니까?

Ce vârstă are fiul dumneavoastră?
체 브르스터 아레 피울 둠네아보아스트러

저는 16살입니다.

Am şaisprezece ani.
암 샤이스프레제체 아니

나는 30살입니다.

Am treizeci de ani.
암 트레이제치 데 아니

그는 20 살입니다.

Are douăzeci de ani.
아레 도우어제치 데 아니

그는 저와 같은 연배입니다.

Este de o vârstă cu mine.
예스테 데 오 브르스터 쿠 미네

그는 저보다 2 살이 어립니다.

Este cu doi ani mai tânăr ca mine.
예스테 쿠 도이 아니 마이 트너르 카 미네

그는 (나이보다) 젊게 보입니다.

Pare mai tânăr.
파레 마이 트너르

그는 보기보다 나이가 많습니다.

Este mai bătrân decât pare.
예스테 마이 버트른 데크트 파레

당신의 생년월일를 저에게 말해 주실 수있겠습니까?

Puteţi să-mi spuneţi data naşterii dumneavoastră?
푸테치 서미 스푸네치 다타 나슈테리 둠네아보아스트러

당신은 몇 년도에 태어나셨습니까?

În ce an v-aţi născut?
은 체 안 바치 너스쿠트

저는 1960 년에 태어났습니다.

M-am născut în o mie nouă sute şaizeci.
맘 너스쿠트 은 오 미에 노우어 수테 샤이제치

그는 1950 년 8 월 5 일에 태어났습니다.
S-a născut la cinci august o mie nouă sute cinzeci.
사 너스쿠트 라 친치 아우구스트 오 미에 노우어 수테 친제치

3. 낱말 풀이(Cuvinte)

familie
파밀리에
f. 가족, 식구

vârstă
브르스터
f. 나이

fotografie
포토그라피에
f. 사진

azi
아지
adv. = astăzi adv. 오늘
아스터지

rudă
루더
f. 친인척

parte
파르테
f. 부분

dintre
딘트레
prep. ~중의, ~로부터

aici
아이치
adv. 여기(에) ≠ acolo adv. 저기(에)
아콜로

mijloc
미즐록
n. 중앙, 가운데, 수단

iar
이아르
conj. 그리고, 그러나, 한편

lângă
릉거
prep. ~옆에

an 안	m. 년, 해, 살
grădiniţă 그러디니처	f. 유치원
student 스투덴트	m. 대학생
inginer 인지네르	m. 엔지니어
mare 마레	adj. 큰 ≠ mic adj. 작은 믹
dreaptă 드레압터	f. 오른쪽 ≠ stângă f. 왼쪽 스틍거
amândoi, amândouă 아믄도이 아믄도우어	pron. 둘 다, 양쪽 모두
tată 타터	m. 아버지
mamă 마머	f. 어머니
părinţi 퍼린치	pl. 부모
bunic 부닉	m. 할아버지
bunică 부니커	f. 할머니
bunici 부니치	pl. 조부모
frate 프라테	m. 형제

soră 소러	f. 누이
nepot 네포트	m. 손자, 조카
unchi 운키	m. (외)삼촌, 아저씨
mătuşă 머투셔	f. 고모, 이모, 아줌마
văr 버르	m. 사촌
socru 소크루	m. 장인
soacră 소아크러	f. 장모
ginere 지네레	m. 사위
noră 노러	f. 며느리
cumnat 쿰나트	m. 매부, 처남
cumnată 쿰나터	f. 처제, 제수
soţ 소츠	m. 남편
soţie 소치에	f. 아내
logodnic 로고드닉	m. 약혼자(남)

logodnică 로고드니커	f. 약혼
mire 미레	m. 신랑
mireasă 미레아서	f. 신부
fiu 피우	m. 아들
fiică 피커	f. 딸
fată 파터	f. 소녀, 숙녀
a primi 프리미	vt. 받다 ≒ a trimite vt. 보내다 트리미테
a semăna cu 세머나 쿠	~와 닮다
a merge 메르제	vi. 가다
a se căsători 세 커서토리	vr. 결혼하다
a se logodi 세 로고디	vr. 약혼하다
de unde 데 운데	어디로부터
într-adevăr 은트라데버르	정말로, 참으로

4. 문법(Cuvinte)

1) a fi 동사(Verbul a fi)

① a fi(~이다, 있다)동사의 직설법 현재 인칭 변화:

	새 맞춤법	구 맞춤법
1. eu	: sunt	sînt
2. tu	: eşti	eşti
3. el/ea	: este	este
4. noi	: suntem	sîntem
5. voi	: sunteţi	sînteţi
6. ei/ele	: sunt	sînt

* 존칭 인칭대명사 dumneavoastră 에 해당하는 동사형은 항상 2인칭 복수 형태와 동일하다.

② a fi 동사의 3인칭 단수 형태인 este의 생략형으로는 일반적으로 e 이지만, i 도 간혹 다른 단어에 붙어서 접어 형태로 사용된다.

예: unde-i = unde e(ste)

2) 기수(Numeralul cardinal): 1 ~ 10

1. unu/una	6. şase
2. doi/două	7. şapte
3. trei	8. opt
4. patru	9. nouă
5. cinci	10. zece

* 루마니아어의 기수 1, 2 는 지칭하는 명사의 성에 따라 두 가지 형태를 지닌다.

3) 지시 대명사 및 형용사(Pronumele şi adjectivul demonstrativ):

acesta 이 것/ acela 저 것

acest 이/ acel 저

주격 및 목적격

<table>
<tr><th>수 \ 성</th><th>남성</th><th>중성</th><th>여성</th></tr>
<tr><td rowspan="2">단수</td><td colspan="2">acest(a)</td><td>aceast(a)</td></tr>
<tr><td colspan="2">acel(a)</td><td>ace(e)a</td></tr>
<tr><td rowspan="2">복수</td><td>aceşti(a)</td><td colspan="2">aceste(a)</td></tr>
<tr><td>acei(a)</td><td colspan="2">acele(a)</td></tr>
</table>

예:

단수			복수	
acest băiat	이 소년	-	aceşti băieţi	이 소년들
această fată	이 소녀	-	aceste fete	이 소녀들
acel băiat	저 소년	-	acei băieţi	저 소년들
acea fată	저 소녀	-	acele fete	저 소녀들
băiatul acesta	이 소년	-	băieţii aceştia	이 소년들
fata aceasta	이 소녀	-	fetele acestea	이 소녀들
băiatul acela	저 소년	-	băieţii aceia	저 소년들
fata aceea	저 소녀	-	fetele acelea	저 소녀들

구어체형(Forme de limbă vorbită):

성 / 수	남성	중성	여성
단수	ăsta		asta
복수	ăştia	astea	

예:

(Elevul) ăsta e bun. – (Elevii) ăştia sunt buni.
(Biletul) ăsta e ieftin. – (Biletele) astea sunt ieftine.
(Casa) asta e frumoasă. – (Casele) astea sunt frumoase.

제 4 과: 초대(Invitaţia)

1. 대화(Dialog)

Mihai : Bună ziua, Tom. Ce mai faci?
미하이 부너 지우아 톰 체 마이 파치

Nu te-am mai văzut de mult.
누 테 암 마이 버주트 데 물트

Tom : Mulţumesc bine. Şi tu?
톰 물추메스크 비네 쉬 투

Ce mai fac cei de acasă?
체 마이 팍 체이 데 아카서

Mihai : Mulţumesc, toată lumea este bine.
물추메스크 토아터 루메아 예스테 비네

Când te-ai înapoiat din SUA?
큰드 테 아이 으나포이아트 딘 수아

Tom : Am sosit aseară oarecum pe neaşteptate
암 소시트 아세아러 오아레쿰 페 네아슈텝타테

din însărcinarea firmei la care lucrez.
딘 은서르치나레아 피르메이 라 카레 루크레즈

Mihai : Aşa e. Apropo, eşti liber astăzi după-amiază?
아샤 예 아프로포 예슈티 리베르 아스터지 두퍼 아미아저

Ai să vii să cinezi cu noi, nu-i aşa?
아이 서 비 서 치네지 쿠 노이 누 이 아샤

Tom : Mulţumesc, dar din nefericire mă împiedică un
물추메스크 다르 딘 네페리치레 머 음피에디커 운

angajament anterior.
앙가자멘트 안테리오르

Mihai : Ce program ai mâine?
체 프로그람 아이 므이네

Tom : Mâine, să vedem!
므이네 서 베뎀

Da, cred că o să fiu liber după cinci.
다 크레드 커 오 서 피우 리베르 두퍼 친치

La ce oră să fiu la tine?
라 체 오러 서 피우 라 티네

Mihai : Pe la 6, dar poţi să-mi dai un telefon când
펠 라 샤세 다르 포치 서 미 다이 운 텔레폰 큰드

pleci de acasă.
플레치 데 아카서

Tom : Bine, vin cu plăcere, dar o să stau
비네 빈 쿠 플러체레 다르 오 서 스타우

numai o oră-două. Trebuie să pregătesc o lucrare
누마이 오 오러 도우어 트레부이에 서 프레거테스크 오 루크라레

pentru şedinţa de poimâine.
펜트루 셰딘차 데 포이므이네

Mihai : Bine, pe mâine! Ştii unde locuiesc acum?
비네 페 므이네 슈티 운데 로쿠이에스크 아쿰

Tom : Nu, dar pot să iau adresa din cartea de telefon.
누 다르 포트 서 이아우 아드레사 딘 카르테아 데 텔레폰

Mulţumesc pentru invitaţie, Mihai!
물추메스크 펜트루 인비타치에 미하이

Mihai : Cu plăcere, la revedere!
쿠 플러체레 라 레베데레

Tom : La revedere!
라 레베데레

미하이 : 안녕, 톰. 어떻게 지내니?
너를 본지 정말 오래간만이구나.

톰 : 고마워, 잘 지내고 있어. 너는 어떠니?
집에는 모두들 안녕하시지?

미하이 : 고마워, 모두 잘 지내고 있어.
미국에서 언제 돌아 왔니?

톰 : 어제 저녁에 도착했어. 내가 근무하고 있는 회사 일로 예상치 않게 그렇게 됐단다.

미하이 : 아 그래. 그런데 너 오늘 저녁에 시간 좀 있니?
너 우리 집에 와서 저녁이나 함께 하지 않겠니?

톰 : 고맙지만 선약이 있어서 안되겠는데.

미하이 : 내일은 무슨 계획이 있니?

톰 : 내일, 잠깐 있어봐!
그래 내일은 오후 5시 이후에 시간이 있을 것 같은데.
몇 시까지 너한테 가면 되니?

미하이 : 6시경에, 그러나 집에서 출발하기 전에 나에게 전화 한번 다오.

톰 : 좋아. 기꺼이 가마, 그런데 아마도 한-두 시간 정도밖에 머물지 못할 것 같다. 모래에 있을 회의를 위해서 준비해야 할 일이 있어.

미하이 : 그래, 그럼 내일 보세! 너 내가 지금 살고 있는 데가 어딘지 알고 있지?

톰 : 아니, 그렇지만 전화번호부에서 네 주소를 알 수가 있어. 초대해 주어서 고마워, 미하이!

미하이 : 천만에, 안녕!

톰 : 안녕!

2. 유용한 표현법(Expresiile uzuale)

토요일에 저희집에 오셔서 저녁식사나 함께 하시렵니까?

Vreţi să veniţi să luăm masa de seară împreună sâmbătă?
브레치 서 베니치 서 루엄 마사 데 세아러 음프레우너 슴버터

저와 오늘 점심식사나 함께 하시렵니까?

Vreţi să luaţi masa de prânz cu mine?
브레치 서 .루아치 마사 데 프른즈 쿠 미네

오늘 저녁에 저의 집에 오셔서 한잔하실 수 있겠습니까?

Puteţi veni să bem ceva deseară?
푸테치 베니 서 벰 체바 데세아러

언제 우리 집에 와서 한잔하게!

Vino într-o zi la noi să bem ceva!
비노 은트로 지 라 노이 서 벰 체바

오늘 저녁에 우리집에서 파티를 열려고 하는데 참석하실 수 있겠습니까?

O să dau o petrecere deseară. Puteţi veni la noi?
오 서 다우 오 페트레체레 데세아러 푸테치 베니 라 노이

예, 기꺼이.

Da, cu multă plăcere.
다 쿠 물터 플러체레

정말 친절하십니다.

Sunteţi foarte amabil(-ă).
순테치 포아르테 아마빌(러)

오는 일요일날 시간이 좀 있으신 지요?

Vă convine duminica viitoare?
버 콘비네 두미니카 비토아레

저는 일요일엔 항상 집에 있습니다.

Duminica sunt întotdeauna acasă.
두미니카 순트 은톳데아우나 아카서

정말 감사합니다. 그런데 정말 폐가 안되겠습니까?

Mulţumesc foarte mult! Dar sunteţi sigur că nu vă deranjez?
물추메스크 포아르테 물트 다르 순테치 시구르 커 누 버 데란제즈

오늘 주말 시간이 있을 것 같습니다.

Săptămâna viitoare mi-ar conveni.
섭터므나 비토아레 미 아르 콘베니

너 오늘 시간 좀 있니?

Eşti liber astăzi?
예슈티 리베르 아스터지

몇 시까지 너의 집에 가야만 하니?

La ce oră trebuie să vin la tine?
라 체 오러 트레부이에 서 빈 라 티네

몇 시까지 거기에 있어야 됩니까?

La ce oră trebuie să fiu acolo?
라 체 오러 트레부이에 서 피우 아콜로

유감스럽게도 선약이 있어서 안되겠습니다.

Regret foarte mult că un angajament anterior mă împiedică.
레그레트 포아르테 물트 커 운 앙가자멘트 안테리오르 머 음피에디커

유감스럽게도 너의 친절한 초대를 받아 드릴 수 없구나.

Regret că nu pot accepta amabila ta invitaţie.
레그레트 커 누 포트 악쳅타 아마빌라 타 인비타치에

꼭 가고 싶은데 불행이도 시간이 전혀 없어요.
Mi-ar face mare plăcere să vin. Din nefericire, tot
미 아르 파체 마레 플러체레 서 빈 딘 네페리치레 토트

timpul sunt prins.
팀풀 순트 프린스

초대해 주셔서 대단히 감사합니다.
Vă mulţumesc foarte mult pentru invitaţie.
버 물추메스크 포아르테 물트 펜트루 인비타치에

3. 낱말 풀이(Cuvinte)

invitaţie — f. 초대
인비타치에

neaşteptat — adj. 예기치 않은
네아슈텝타트

acceptare — f. 승낙
악첩타레

apropo — adv. 그런데, 그건 그렇고
아프로포

refuz — n. 거절
레푸즈

întâlnire — f. 만남
은틀니레

liber — adj. 시간이 있는, 좌석이 빈
리베르

firmă — f. 회사
피르마

mai
마이
adv. 더욱더, 보다많이

amiază
아미아저
f. 정오

după-amiază
투퍼 아미아저
f., adv. 오후(에)

oarecum
오아레쿰
어떻든.

tot, toată
토트 토아터
adj. 모든

angajament
앙가자멘트
n. 약속, 의무

anterior
안테리오르
adj. 이전의, 앞의

şedintă
셰딘처
f. 집회, 모임, 회의

veac
베악
n. 세기

lume
루메
f. 세상사람

din însărcinarea(+ 소유격) ~의 위임 (명령)으로
딘 은서르치나레아

din nefericire
딘 네페리치레
불행히도

cu plăcere
쿠 플러체레
기꺼이

micul dejun
미쿨 데준
아침 식사

(masa de) prânz (마사 데) 프른즈	점심 식사
masa de seară 마사 데 세아러	저녁 식사
cină 치너	f. 저녁 식사
dineu 디네우	n. 저녁 만찬
sigur 시구르	adj. 확실한,분명한
amabil(-ă) 아마빌(러)	adj. 친절한
viitor, viitoare 비토르 비토아레	adj. 다가오는
trecut(-ă) 트레쿠(터)	adj. 지난
întotdeauna 은톳데아우나	adv. 항상
petrecere 페트레체레	f. 향연, 오락,여홍
săptămână 섭터므너	f. 주, 주말

4. 문법(Gramatică)

1) 직설법 현재(Modul indicativ, timpul prezent)

동사의 활용(Conjugarea verbelor):

a invita	a accepta	a cina	a împiedica
초대하다	승낙하다	저녁식사하다	방해하다
1. invit	accept	cinez	împiedic
2. inviţi	accepţi	cinezi	împiedici
3. invită	acceptă	cinează	împiedică
4. invităm	acceptăm	cinăm	împiedicăm
5. invitaţi	acceptaţi	cinaţi	împiedicaţi
6. invită	acceptă	cinează	împiedică

a refuza	a se īnapoia	a crede	a conveni
거절하다	되돌아오다	믿다	어울리다
1. refuz	mă înapoiez	cred	convin
2. refuzi	te înapoiezi	crezi	convii
3. refuză	se înapoiază	crede	convine
4. refuzăm	ne înapoiem	credem	convenim
5. refuzaţi	vă înapoiaţi	credeţi	conveniţi
6. refuză	se înapoiază	cred	convin

a lua 잡다	a da 주다	a sta 서있다	a bea 마시다
1. iau	dau	stau	beau
2. iei	dai	stai	bei
3. ia	dă	stă	bea
4. luăm	dăm	stăm	bem
5. luaţi	daţi	staţi	beţi
6. iau	dau	stau	beau

a putea 할수있다	a vrea 원하다	a şti 알다	a trebui 해야한다
1. pot	vreau	ştiu	trebuie
2. poţi	vrei	ştii	trebuie
3. poate	vrea	ştie	trebuie
4. putem	vrem	ştim	trebuie
5. puteţi	vreţi	ştiţi	trebuie
6. pot	vor	ştiu	trebuie

2) 접속법 현재(Modul conjunctiv, timpul prezent)

접속법의 가장 기본적인 용법은 a trebui, a vrea, a putea 등과 같은 조동사 다음에 사용되는 것이다.

접속법은 접속사 să 다음에 본동사의 접속법 인칭변화 형태로 구성된다. 동사의 접속법 인칭 변화는 1, 2인칭 단, 복수에선 직설법 형태와 동일하며 단지 3인칭에서만 직설법 형태와 차이를 보인다. 접속법 3인칭 현재형은 몇몇 불규칙 동사들을 제외하고는 직설법 3인칭 현재 활용 어미가 -ă일 경우 -ă > -e 로, 반대로 활용 어미가 -e일 경우엔 -e > -ă로 변화한다.

예:

직설법	접속법
El cântă	El vrea să cânte.
Ea merge.	Ea trebuie să meargă.

동사 a fi의 접속법 현재 인칭 변화는 예외적으로 각 인칭 별로 모두 변화한다..

예: Eu trebuie să fiu.
Tu trebuie să fii.
El/Ea trebuie să fie.
Noi trebuie să fim.
Voi trebuie să fiţi.
Ei/Ele trebuie să fie.

조동사 a putea 다음에는 동사의 부정형(Infinitiv)이 올 수도 있고, 접속법이 올 수도 있다.

예: 나는 루마니아어를 조금 할 수 있다.
(Eu) pot vorbi puţin româneşte.
(Eu) pot să vorbesc puţin româneşte.

제 5 과 방문(Vizita)

1. 대화(Dialog)

Familia Popescu s-a mutat de curând în alt cartier, într-un
파밀리아 포페스쿠 사 무타트 데 쿠른드 은 알트 카르티에르 은트룬

apartament nou, şi astăzi primeşte vizita unor musafiri.
아파르타멘트 노우 쉬 아스터지 프리메슈테 비지타 우노르 무사피리

Domnul Popescu : Bună ziua, dragii mei!
돔눌 포페스쿠 부너 지우아 드라지 메이

Bine aţi venit!
비네 아치 베니트

Doamna Yi : Nu vă deranjăm?
도암나 이 누 버 데란점

Domnul Popescu : Deloc! Poftiţi în casă!
델록 포프티치 은 카서

Doamna Yi : Aveţi un apartament mare şi elegant.
아베치 운 아파르타멘트 마레 쉬 엘레간트

Şi mobila e foarte frumoasă!
쉬 모빌리아 예 포아르테 프루모아서

Domnul Popescu : Da, este destul de mare.
다 예스테 데스툴 데 마레

Doamna Yi : Câte camere are?
크테 카메레 아레

Domnul Popescu : Are patru camere şi o sufragerie.
아레 파트루 카메레 쉬 오 수프라제리에

Doamna Yi : Are şi bucătărie?
아레 쉬 부커터리에

Domnul Popescu : Da, are o bucătărie, o baie, un vestibul
다 아레 오 부커터리에 오 바이에 운 베스티불

mic şi două balcoane.
믹 쉬 도우어 발코아네

Doamna Yi : Dulapul acesta l-aţi cumpărat acum?
둘라풀 아체스타 라치 쿰퍼라트 아쿰

Domnul Popescu : Da, pe acesta l-am cumpărat acum, iar pe
다 페 아체스타 람 쿰퍼라트 아쿰 이아르 페

acela din dormitor îl avem de mult.
아첼라 딘 도르미토르 을 아벰 데 물트

Doamna Yi : De la ce magazin l-aţi cumpărat?
데 라 체 마가진 라치 쿰퍼라트

Avem nevoie şi noi de unul la fel, pentru că în
아벰 네보이에 쉬 노이 데 우 라 펠 펜트루 커 은

curând o să ne mutăm şi noi.
쿠른드 오 서 네 무텀 쉬 노이

Vă invităm să ne vizitaţi.
버 인비텀 서 네 비지타치

Domnul Popescu : E adevărat? O să venim cu plăcere.
예 은트라데버 오 서 베님 쿠 플러체레

포페스쿠씨 가족은 최근에 다른 지역의 새 아파트로 이사를 했고 오늘 손님들의 방문을 맞이한다.

포페스쿠씨 : 안녕하세요 , 친애하는 여러분들!

어서 오세요!

이 여사 : 폐가 되지 않나요?

포페스쿠씨 : 천만예요! 들어오십시오!

이 여사 : 아파트가 크고 멋있네요.
또한 가구들도 아름답네요.

포페스쿠씨 : 예, 제법 큰 편입니다.

이 여사 : 방이 몇 개나 되나요?

포페스쿠씨 : 방이 네 개고 주방이 하나 있죠.

이 여사 : 부엌이 따로 있죠?

포페스쿠씨 : 예, 부엌과, 욕실이 하나씩 있고, 현관 입구에 조그마한 곁방이 하나 있으며, 발코니가 두개 있죠.

이 여사 : 이 장롱은 이번에 사셨습니까?

포페스쿠씨 : 예 이것은 이번에 샀고 저기
침실에 있는 것은 오래 전부터 가지고 있는 것입니다.

이 여사 : 어느 가구점에서 사셨습니까? 저희도 그와 같은 것이 하나 필요합니다.
왜냐하면 우리도 조만간 이사를 하게 됩니다.
(이사하면) 당신들을 초대하겠으니 와 주세요.

포페스쿠씨 : 정말예요? 기꺼이 가죠.

2. 유용한 표현(Expresiile uzuale)

포페스쿠씨 댁에 계십니까?

E acasă domnul Popescu?
예 아카서 돔눌 포페스쿠

여기 그리고레스쿠씨가 살고 계십니까?

Stă aici domnul Grigorescu?
스터 아이치 돔 눌 그리고레스쿠

나는 두미투레스쿠라는 성을 가진 한 신사분을 찾고 있습니다.

Caut un domn care se numeşte Dumitrescu.
카우트 운 돔 카레 세 누메슈테 두미트레스쿠

예, 그가 여기 살고 있습니다만 얼마 전에 나갔는데요.

Da, aici locuieşte, dar a plecat de acasă nu de mult.
다 아이치 로쿠이에슈테 다르 아 플레카트 데 아카서 누 데 물트

그가 언제 돌아오지죠?

Când va reveni?
큰드 바 레베니

그가 언제 돌아올지 아십니까?

Ştiţi când se înapoiază?
슈티치 큰드 세 으나포이아저

내일 오전에 다시 한번 방문해 주시겠습니까?

Vreţi să reveniţi mâine dimineaţă?
브레치 서 레베니치 므이네 디미네아처

내일 저녁에 우리를 방문하실 수 있겠습니까?

Puteţi să ne vizitaţi mâine seară?
브레치 서 네 비지타치 므이네 세아러

어제는 제가 부재중이어서 죄송합니다.

Îmi pare rău că ieri n-am fost acasă.
으미 파레 러우 커 이에리 남 포스트 아카서

기다리게 해서 죄송합니다.

Scuzaţi-mă că v-am făcut să mă aşteptaţi.
스쿠자치 머 커 밤 퍼쿠트 서 머 아슈텝타치

당신을 방해하는 게 아닌 지요?

Nu vă deranjez?
누 버 데란제즈

당신을 방해해서 죄송합니다.

Scuzaţi-mă că vă deranjez.
스쿠자치 머 커 버 데란제즈

전혀 그렇지 않습니다.

De loc.
데 록

그 반대입니다.

Dimpotrivă.
딤포트리버

조금도 그렇지 않습니다.

Câtuşi de puţin.
크투쉬 데 푸친

별거 아닌데요.(천만에 말씀입니다.)

Nu face nimic.
누 파체 니믹

어서 집안으로 들어오시죠!

Poftiţi în casă!
포프티치 은 카서

어서 들어오십시오!

Intraţi, vă rog!
인트라치 버 록

이쪽으로 오시죠!

Pe aici, vă rog!
페 아이치 버 록

앉으십시오!

Vă rog să luaţi loc!
버 록 서 루아치 록

당신께 무엇을 좀 내 놓아도 되겠습니까?

Vă pot oferi ceva?
버 포트 오페리 체바

참 친절하시군요!

Sunteţ foarte amabil(-ă)!
순테치 포아르테 아마빌 (러)

저 때문에 번거롭게 해 드리고 싶지 않습니다.

Vă rog să nu vă deranjaţi pentru mine.
버 록 서 누 버 데란자치 펜트루 미네

별 말씀을 다하십니다.

Nici să nu vorbim de asta.
니치 서 누 보르빔 데 아스타

그럼 이만 물러나겠습니다.

Permiteţi-mi să mă retrag.
페르미테치 미 서 머 레트락

너무 서두르지 마시죠.(좀더 계시지요.)

Nu vă grăbiţi.
누 버 그러비치

좀더 계시면서 얘기 좀더 하시죠.

Mai staţi, vă rog, să mai discutăm.
마이 스타치 버 록 서 마이 디스쿠텀

왜 그렇게 서두르세요?

De ce vă grăbiţi?
데 체 버 그러비치

왜냐하면 아직 오늘 할 일들이 많이 있기 때문입니다.

Pentru că am încă multe treburi azi.
펜트루 커 암 은커 물테 트레부리 아지

오후에 할 일이 좀 있습니다.

Mai am ceva de făcut după-amiază.
마이 암 체바 데 퍼쿠트 두퍼 아미아저

왜 좀더 머무셨다가 우리와 저녁식사나 함께 하시죠?

Vreţi să rămâneţi să luaţi cina cu noi?
브레치 서 러므네치 쉬 루아치 치나 쿠 노이

당신께 폐가 되지 않는다면 좀더 머물고 싶은데요.

Aş rămâne bucuros dacă nu v-aş incomoda.
아슈 러므네 부쿠로스 다커 누 바슈 인코모다

정말 죄송스럽습니다만 급히 볼일이 있습니다.

Îmi pare într-adevăr foarte rău, dar mă grăbesc.
으미 파레 은트라데버르 포아르테 러우 다르 머 그러베스크

회의에 참석해야 합니다.

Trebuie să iau parte la o şedinţă.
트레부이에 서 이아우 파르테 라 오 셰딘처

그렇다면 더 이상 만류하지 않겠습니다.

Atunci, nu vă mai reţin.
아툰치 누 버 마이 레친

그럼 버스 정류장까지 당신을 바래다 드리지요.

Vă conduc până la staţia de autobuz.
버 콘둑 프너 라 스타치아 데 아우토부즈

당신 부인께 안부 좀 전해 주십시오!

Transmiteţi complimente soţiei dumneavoastră din partea mea!
트란스미테치 콤플리멘테 소치에이 둠네아보아스트러 딘 파르테아 메아

방문해 주셔서 감사합니다.

Vă mulţumesc pentru vizită.
버 물추메스크 펜트루 비지터

함께 해 주셔서 감사합니다.

Mulţumesc pentru companie.
물추메스크 펜트루 콤파니에

매우 즐거웠습니다.

Mi-a plăcut foarte mult.
미아 플러쿠트 포아르테 물트

즐거웠습니다.

Mi-a făcut plăcere.
미아 퍼쿠트 플러체레

안녕히 계십시오!

Rămâneţi cu bine!
러므네치 쿠 비네

조만간 또 오십시오!

Să mai veniţi în curând!
서 마이 베니치 은 쿠른드

가끔 소식 전해 주시기 바랍니다!

Vă rog să-mi scrieţi din când în când!
버 록 서 미 스크리에치 딘 큰드 은 큰드

3. 낱말 풀이(Cuvinte)

de curând 데 쿠른드	최근(에)
de loc 데 록	adv. 전혀 ~않다
alt(-ă) 알트(터)	adj. 다른
casă 카서	f.집
nou, nouă 노우 노우어	adj. 새로운
elegant 엘레간트	adj. 우아한
apartament 아파르타멘트	n. 아파트
vizită 비지터	f. 방문
mobilă 모빌리에	f. 가구
musafir 무사피르	m. 손님
frumos, frumoasă 프루모스 프루모아서	adj. 아름다운
drag 드락	adj., m. 사랑하는 (사람)
cameră 카메러	f. 방

dormitor
도르미토르
n. 침실

sufragerie
수프라제리에
f. 주방, 식당

bucătărie
부커터리에
f. 부엌

fel
펠
n. 종류, 방법

la fel
라 펠
똑같이, 똑같은

baie
바이에
f. 욕실

vestibul
베스티불
n. 현관, 현관의 객실

balcon
발콘
n. 발코니, 베란다

care
카레
pron. 관계대명사(사람, 사물)

magazin
마가진
n. 상점

magazin universal
마가진 우니베르살
백화점

bine
비네
adv. 좋게 ≠ rău adv. 나쁘게
러우

nevoie
네보이에
f. 필요, 결핍

a avea nevoie de
아베아 네보이에 데
~이 필요하다

loc 록	n. 장소, 좌석
încă 은커	adv. 아직
comod 코모드	adj. 편한, 쾌적한
atunci 아툰치	adv. 그렇다면
pe atunci 페 아툰치	당시
staţie 스타치에	f. 정류장
compliment 콤플리멘트	n. 인사말, 안부, 칭찬
parte 파르테	f. 부분, 편, 입장
companie 콤파니에	f. 교제, 동참
că 커	conj. 접속사
din când în când 딘 큰드 은 큰드	때때로,가끔
în curând 은 쿠른드	조만간
de mult 데 물트	오래전부터, 오랜동안

4. 문법(Gramatică)

1) 직설법 현재(Modul indicativ, timpul prezent):

a invita	a vizita	a scuza	a intra
초대하다	방문하다	용서하다	들어오다(가다)
1 invit	vizitez	scuz	intru
2 inviţi	vizitezi	scuzi	intri
3 invită	vizitează	scuză	intră
4 invităm	vizităm	scuzăm	intrăm
5 invitaţi	vizitaţi	scuzaţi	intraţi
6 invită	vizitează	scuză	intră

a părea	a oferi	a reveni	a locui
~인듯싶다	제공하다	다시오다	거주하다
1 par	ofer	revin	locuiesc
2 pari	oferi	revii	locuieşti
3 pare	oferă	revine	locuieşte
4 părem	oferim	revenim	locuim
5 păreţi	oferiţi	reveniţi	locuiţi
6 par	oferă	revin	locuiesc

a reţine	a scrie	aconducea	a transmite
잡아두다	쓰다	동행하다	건네주다
1 reţin	scriu	conduc	transmit
2 reţii	scrii	conduci	transmiţi
3 reţine	scrie	conduce	transmite
4 reţinem	scriem	conducem	transmitem
5 reţineţi	scrieţi	conduceţi	transmiteţi
6 reţin	scriu	conduc	transmit

a se muta	a se numi	a se înapoia	a se retrage
이사하다	~이라 불려지다	돌아오다	물러가다
1 mă mut	mă numesc	mă înapoiez	mă retrag
2 te muţi	te numeşti	te înapoiezi	te retragi
3 se mută	se numeşte	se înapoiază	se retrage
4 ne mutăm	ne numim	ne înapoiem	ne retragem
5 vă mutaţi	vă numiţi	vă înapoiaţi	vă retrageţi
6 se mută	se numesc	se înapoiază	se retrag

2) 인칭 대명사의 여격(Pronumele personal în dativ):

주격	여	격
eu	강세형	mie
	비 강세형	îmi, mi-, -mi
tu	강세형	ţie
	비 강세형	îţi, ţi-, -ţi
el	강세형	lui
	비 강세형	îi, i, i-,-i
ea	강세형	ei
	비 강세형	îi, i, i-,-i
noi	강세형	nouă
	비 강세형	ne, ne-, -ne, ni-, -ni
voi	강세형	vouă
	비 강세형	vă, vă-, -vă, vi-, -vi, v-
ei	강세형	lor
	비 강세형	le, le-, -le, li-, -li
ele	강세형	lor
	비 강세형	le, le-, -le, li-, -li

제1과에서 이미 인칭 대명사의 주격과 목적격에 관하여 설명한바 있으며 여기서는 여격에 대하여 알아보기로 한다.

인칭 대명사의 여격은 강세형과 비 강세형이 있는데 강세형은 단독으로 문장을 형성할 때 주로 사용되며 또한 강조 용법에서 비 강세형과 함께 사용된다. 비 강세형은 일반적으로 문장 내에서 간접 목적어를 나타낼 때에 사용되며 주로 인칭 대명사 및 재귀 대명사의 목적격이나 조동사 등과 결합하여 접어 형태로 사용된다.

예:

Doctorul mi-a recomandat să beau multe ceaiuri calde.

Mi se pare că am temperatură.

Ţi-o va aduce mâine.

Vi-l prepar imediat.

제 6 과 : 날씨(Vremea)

1. 대화(Dialog)

Mira : Astăzi e vreme urâtă.
미라 아스터지 예 브레메 우르터

Ion : Este o adevărată zi de toamnă în România.
이온 예스테 오 아데버라터 지 데 토암너 은 로므니아

Bate vântul. Plouă. Va fi din ce în ce mai frig.
바테 븐툴 플로우어 바 피 딘 체 은 체 마이 프리그

Din pomi cad pe pământ ultimele frunze galbene.
딘 포미 카드 페 퍼믄트 울티멜레 프룬제 갈베네

Cum este vremea toamna în Coreea?
쿰 예스테 브레메아 토암나 은 코레아

Mira : La noi toamna e vreme frumoasă.
라 노이 토암나 예 브레메 프루모아서

Cerul e de obicei senin. Timpul e moderat.
체룰 예 데 오비체이 세닌 팀풀 예 모데라트

Nu e aşa de cald, nu e aşa de frig.
누 예 아샤 데 칼드 누 예 아샤 데 프릭

Mi-e frig. Ce vreme se prevede, Ion?
미 예 프릭 체 브레메 세 프레베데 이온

Ion : Buletinul meteorologic anunţă că vremea o să fie bună.
불레티눌 메테오롤로직 아눈처 커 브레메아 오 서 피에 부너

Hai să intrăm într-o cofetărie să bem ceva cald!
하이 서 인트럼 은트로 코페터리에 서 벰 체바 칼더

Mira : E o idee bună. Acolo este cald.
예 오 이데 부너 아콜로 예스테 칼드

미라 : 오늘은 날씨가 나쁜데.

이온 : 루마니아에서는 전형적인 가을날씨야.
바람이 불고, 비가 오고, 점점 추어지고, 나무로부터 마지막 단풍잎들이 떨 진다네.
한국의 가을 날씨는 어떻지?

미라 : 우리 나라 가을 날씨는 좋지.
하늘은 맑고, 기온은 쾌적한 편으로서 그렇게 덥거나 춥지도 않고 적당하지.
나는 지름 추운데. 일기예보에서는 무엇이라고 하지?

이온 : 일기예보에 의하면 날씨가 좋아진데.
우리 카페테리아에 들어가서 따뜻한 것을 좀 마시자.

미라 : 그것 좋은 생각인데. 거기엔 따뜻하지.

2. 유용한 표현(Expresiile uzuale)

날씨가 어떻지?
Cum e(ste) vremea?
쿰 예(스테) 브레메아

일기예보에서는 오늘 날씨가 어떻데?
Ce (previziune) se anunţă pentru astăzi?
체 프레비지우네 세 아눈처 펜트루 아스터지

라디오에선 무엇이라고 예보하지?
Ce spune la radio?
체 스푸네 라 라디오

오늘 영상/영하 몇 도나 되지?

Câte grade plus/minus sunt azi?
크테 그라데 플루스/미누스 순트 아지

일기예보에 의하면 날씨가 좋아진데.

Buletinul meteorologic anunţă vreme bună.
불레티눌 메테오롤로직 아눈처 브레메 부너

날씨가 변하지 않고 그대로 있을까?

Se menţine oare vremea?
세 멘치네 오아레 브레메아

날씨가 변하다.

Se schimbă vremea.
세 스킴버 브레메아

날씨가 좋다.

E vreme frumoasă.
예 브레메 프루모아서

오늘 날씨가 좋다.

E timp frumos azi.
예 팀프 프루모스 아지

오늘 날씨가 정말 훌륭하다.

E un timp minunat.
예 운 팀프 미누나트

날씨가 나쁘다.

E vreme urâtă.
예 브레메 우르터

날씨가 변덕스럽다.

Vremea pare instabilă.
브레메아 파레 인스타빌러

날씨가 변화 무쌍하다.

Timpul este variabil.
팀풀 예스테 바리아빌

무지개가 떴다!

Iată curcubeul!
야터 쿠르쿠베울

날씨가 좋아진다.

Vremea se îndreaptă.
브레메아 세 은드레압터

하늘이 맑다.

Cerul e senin.
체룰 예 세닌

햇빛이 난다.

E soare.
예 소아레

햇볕이 작렬하다.

Soarele arde.
소아렐레 아르데

더웁다.

E cald.
예 칼드

후덥지근하다.

E mare zăpuşeală.
예 마레 저푸셰알러

비가 올 것 같다.

Se pare că va ploua.
세 파레 커 바 플로우아

빗방울이 떨어지고 있다.

Picură deja.
피쿠러 데자

비가 온다.

Plouă.
플로우어

비가 억수같이 쏟아진다.

Toarnă cu găleata.
토아르너 쿠 걸레아타

비가 그쳤다.

Ploaia a stat.
플로아이아 아 스타트

천둥이 친다.

Tună.
투너

번개가 친다.

Fulgeră.
풀제레

낙뇌가 떨어졌다.

A lovit trăsnetul.
아 로비트 트러스네툴

바람이 몹시 분다.

Bate vântul.
바테 븐툴

바람이 분다.

E vânt.
예 븐트

시원한 바람이 분다.

Bate un vânt cam rece.
바테 운 븐트 캄 레체

바람이 멈췄다.

Vântul a încetat.
븐툴 아 은체타트

날씨가 차다.

E rece.
예 레체

나는 춥다.

Mi-e rece.
미예 레체

우박이 떨어진다.

Bate grindina.
바테 그린디나

눈이 온다.

Ninge.
닌제

추어서 얼음이 언다.

Îngheaţă.
은게아처

눈이 녹는다.

E dezgheţ.
예 데즈게츠

미끄럽다.

E lunecuş.
예 루네쿠슈

눈이 그쳤다.

Ninsoarea a încetat.
닌소아레아 아 은체타트

안개가 낀다.(끼어있다.)

E ceaţă.
예 체아처

너무 더워서 잠을 이룰 수 없다.

E atât de cald încât nu se poate dormi bine.
예 아트트 데 칼드 은크드 누 세 포아테 도르미 비네

좋은 날씨가 지속되기를 기대해 봅시다.

Să sperăm că vremea frumoasă va dura.
서 스페럼 커 브레메아 프르모아서 바 두라

비가 계속 올까봐 걱정이 된다.

Mă tem că ploaia aceasta va dura.
머 템 커 플로아이아 아체아스타 바 두라

밤에 별이 뜰 것이다.

La noapte vor fi stele.
라 노압테 보르 피 스텔레

저 보름달이 참으로 아름답구나!

Ce lună plină frumoasă!
체 루너 플리너 프루모아서

저 반짝이는 별을 좀 봐라!

Uită-te cum sclipeşte steaua aceea!
우이터 테 쿰 스클립페슈테 스테아우아 아체아

어느 계절을 가장 좋아하십니까?

Care anotimp vă place cel mai mult?
카레 아노팀프 버 플라체 첼 마이 물트

제 생각으로는 봄이 가장 아름다운 계절인 것 같습니다.
După părerea mea, anotimpul cel mai plăcut este primăvară.
두퍼 퍼레레아 메아 아노팀풀 첼 마이 플러쿠트 예스테 프리머바러

3. 낱말 풀이(Cuvinte)

vânt
븐트
n. 바람

aer
아에르
n. 공기

lună
루너
f. 달, 월

stea
스테아
f. 별

temperatură
템페라투러
f. 온도

grad
그라드
n. 도(수)

prânz
프른즈
n. 점심(식사)

nor
노르
m. 구름

ploaie
플로아이에
f. 비

curcubeu
쿠르쿠베우
n. 무지개

probabil
프로바빌
adj. 있음직한

schimbător adj. 변하기 쉬운
스킴버토르

câteodată adv. 때때로
크테오다터

încet adv. 천천히
은체트

a bate vi., vt. 치다
바테

a străluci vi. 빛나다
스트럴루치

a tuna vi. 천둥이 치다
투나

a fulgera vi. 번개가 치다
플제라

a acoperi vt. 덮다
아코페리

a apărea vi. 나타나다
아퍼레아

a coborî vi. 내리다, 내려가다
코보르

a urca vi. 오르다, 올라가다
우르카

a scădea vi. 줄다, 낮아지다
스커데아

a creşte vi. 늘다, 자라다
크레슈테

cald adj. 더운 ≠ frig adj. 추운
칼드 프릭

curat adj. 깨끗한 ≠ murdar adj. 더러운
쿠라트 무르다르

ziua adv. 낮에 ≠ noaptea adv. 밤에
지우아 노압테아

rareori adv. 드물게 ≠ deseori adv. 자주
라레오리 데세오리

de obicei = de regulă 습관적으로
데 오비체이 데 레굴러

câteodată = uneori 때때로
크테오다터 우네오리

în timpul zilei 낮 동안에
은 팀풀 질레이

în timpul săptămânii 주 중에
은 팀풀 섭터므니

în timpul lunii 월 중에
은 팀풀 루니

în timpul anului 연 중에
은 팀풀 아눌루이

temperatura coboară ≠ temperatura urcă
템페라투라 코보아러 템페라투라 우르커

temperatura scade ≠ temperatura creşte
템페라투라 스카데 템페라투라 크레슈테

vântul bate = vântul suflă
븐툴 바테 븐툴 수플러

4. 문법(Gramatică)

1) 전치사 'de'의 용법:

① 소유의 의미: pantofi de sport, cursuri de limba română
② (시간)부터 : de o săptămână, de ieri
③ 수동태: Cerul este acoperit de nori.
④ 각 단위의 20 ~ 100 숫자 다음:
25 de grade, 50 de studenţi
⑤ 루마니아어에선 각 숫자 단위마다 20~100 숫자 다음에 명사가 오는 경우에 숫자와 명사 사이에 전치사 'de'를 사용하여 표시한다.

예: douăzeci şi cinci de studenţi   25명의 대학생들
o sută treizeci de elevi   130명의 학생들

2) 기수(Numeralul cardinal): 11 ~ 100

11: unsprezece	21: douăzeci şi unu(una)
12: doi(două-)sprezece	22: douăzeci şi doi(două)
13: treisprezece	23: douăzeci şi trei
14: paisprezece	24: douăzeci şi patru
15: cinci(cin-)sprezece	25: douăzeci şi cinci
16: şaisprezece	26: douăzeci şi şase
17: şaptesprezece	27: douăzeci şi şapte
18: optsprezece	28: douăzeci şi opt
19: nouăsprezece	29: douăzeci şi nouă
20: douăzeci	30: treizeci
40: patruzeci	50: cincizeci
60: şaizeci	70: şaptezeci
80: optzeci	90: nouăzeci
100: o sută	

3) 동사의 과거분사(Modul participiu):

부정형	-a동사	-i동사	-î동사	-ea동사	-e동사	
과거분사	-at	-it	-ît	-ut	-ut	-s

-a 동사 : a înnora - înnorat, a ploua - plouat
-i 동사 : a acoperi - acoperit, a citi - citit
-î 동사 : a coborî - coborât, hotărî - hotărât
-ea 동사 : a vedea - văzut, a cădea - căzut
-e 동사 : a începe - început, a merge - mers

불규칙 과거분사(Verbele neregulate):

a fi(이다, 있다) - fost a şti(알다) - ştiut
a bea(마시다) - băut a coace(익히다) - copt
a fierbe(끓이다) - fiert a frige(굽다) - fript
a sparge(쪼개다) - spart a rămâne(머무르다) - rămas

4) 수동태(Diateza pasivă):

루마니아어의 수동태는 a fi + 과거분사 + de (către)로 나타 내어 진다. 주의할 점은 이 경우에 과거분사는 주어의 성과 수에 따라 형용사의 어미 변화를 한다.

예: Cerul este acoperit de nori negri.
하늘이 검은 구름으로 덮여 있다.

5) 동사의 활용(Conjugarea verbului)

직설법 현재(Modul indicativ, timpul prezent):

a coborî(내려 가다)	a apărea(나타나다)
1. cobor apar	apar
2. coboriapari	apari
3. coboară	apare
4. coborâm	apărem
5. coborâţi	apăreţi
6. coboară	apar

제 7 과 감사와 사과(Mulţumiri şi scuze)

1. 대화(Dialog)

Studentul Park : Bună ziua, domnule profesor.
스투덴툴 박 부너 지우아 돔눌레 프로페소르
Vă rog să mă scuzaţi, că am întârziat.
버 록 서 머 스쿠자치 커 암 은트르지아트

Profesorul Vasilescu : Ce s-a întâmplat?
프로페소룰 바실레스쿠 체 사 은틈플라트

Studentul Park : Eu locuiesc departe de facultate şi când
예우 로쿠이에스크 데파르테 데 파쿨타테 쉬 큰드

plouă se circulă foarte greu.
플로우어 세 치르쿨러 포아르테 그레우

Profesorul Vasilescu : Nu face nimic, nu e vina dumitale.
누 파체 니믹 누 예 비나 두미탈레

Întotdeauna când plouă traficul e foarte aglomerat.
은톳데아우나 큰드 플로우어 트라피쿨 예 포아르테 아글로메라트

Studentul Park : Îmi pare rău că nu am ajuns la timp, deşi
으미 파레 러우 커 누 암 아준스 라 팀프 데쉬

am plecat de acasă cu o oră mai devreme.
암 플레카트 데 아카소 쿠 오 오러 마이 데브레메

Îmi cer încă o dată iertare.
으미 체르 은커 오 다터 이에르타레

Profesorul Vasilescu : Înţeleg şi îţi dau voie să intrii în clasă.
은첼렉 쉬 으치 다우 보이에 서 인트리 은 클라서

Studentul Park : Vă mulţumesc din inimă pentru înţelegere.
버 물추메스크 딘 이니머 펜트루 은첼레제레

Profesorul Vasilescu : Pentru puţin!
펜트루 푸친

대학생 박 : 안녕하십니까? 교수님! 늦어서 죄송스럽습니다.

바실레스쿠 교수 : 무슨 일이 있었니?

박 : 저는 학교에서 멀리 떨어진 곳에 살고 있습니다. 그리고 비만 오면 교통 체증이 심합니다.

바실레스쿠 : 괜찮네, 자네 잘못이 아니구나. 비가 올 때마다 교통 체증이 심하지.

박 : 한 시간이나 일찍 집에서 출발했는데도 제시간에 도착하지 못 했습니다. 다시 한 번 사과 드립니다.

바실레스쿠 : 이해하네. 교실 안으로 들어오게나.

박 : 이해해주셔서 진심으로 감사합니다.

바실레스쿠 : 별일도 아닌데.

2. 유용한 표현(Expresiile uzuale)

1) 감사(Muţumiri)

감사합니다.

Mulţumesc.
물추메스크

매우 감사합니다.

Mulţumesc mult.
물추메스크 물트

대단히 감사합니다.

Multe mulţumiri.
물테 물추미리

당신은 매우 친절하시군요.

Sunteţi foarte amabil.
순테치 포아르테 아마빌

당신에게 신세를 많이 졌습니다.

Vă sunt foarte obligat.
버 순트 포아르테 오블리가트

당신께서 ...하신다면 대단히 고맙겠습니다.

V-aş fi foarte recunoscător dacă aţi ... .
바슈 피 포아르테 레쿠노스커토르 다커 아치

당신의 도움에 진심으로 감사드립니다.

Vă mulţumesc din inimă pentru ajutorul dumneavoastră.
버 물추메스크 딘 이니머 펜트루 아주토룰 둠네아보아스트러

2) 사과

미안합니다(죄송합니다).

Îmi pare rău
으미 파레 러우

실례합니다.

Pardon.
파르돈

Scuzaţi-mă.
스쿠자치 머

유감입니다.

Păcat.
퍼카트

부디 저를 용서해 주십시오.

Vă rog să mă iertaţi.
버 록 서 머 이에르타치

폐를 끼쳐서 죄송합니다.

Scuzaţi-mă că vă deranjez.
스쿠자치 머 커 버 데란제즈

고의로 한 일이 아닙니다.

N-am făcut-o intenţionat.
남 퍼쿠-토 인텐치오나트

괜찮습니다.

Nu face nimic.
누 파체 니믹

별 일 아닙니다.

Pentru puţin.
펜트루 푸친

3. 낱말 풀이(Cuvinte)

multumire — f. 감사
물추미레

scuză — f. 사과
스쿠저

facultate — f. 대학, 학부(건물)
파쿨타테

vină — f. 죄, 잘못
비너

trafic — n. 교통
트라픽

iertare — f. 용서
이에르타레

voie
보이에
f. 의지, 허가, 기원

inimă
이니머
f. 심장, 마음

înţelegere
은첼레제레
f. 이해

dată
다터
f. 번, 날자, 자료

oră
오러
f. 시간

nimic
니믹
pron. 아무 것도 아님(없음)

când
큰드
conj. ~할 때

deşi
데쉬
conj. 비록 ~할지라도

greu
그레우
adj. 무거운, 심한, 어려운

aglomerat
아글로메라트
adj. 복잡한, 체증이 심한

puţin
푸친
adj. 작은, 조금

îndatorat
은다토라트
adj. 빚이 있는, 은혜를 입은

devreme
데브레메
adv. 일찍이

întotdeauna
은톳데아우나
adv. 항상

acasă 아카서	adv. 집에서, 집으로
pentru 펜트루	prep. ~위하여
la timp 라 팀프	제 시간에
încă o dată 은커 오 다터	다시 한번
din inimă 딘 이니머	진심으로
a ruga 루가	vt. 부탁하다
a scuza 스쿠자	vt. 용서하다
a întârzia 은트르지아	vi. 지각하다
a ploua 플로아	vi. 비가 오다
a ajunge 아준제	vt. 도착하다
a pleca 플레카	vi. 출발하다
a cere 체레	vt. 요구하다
a înţelege 은첼레제	vt. 이해하다
a părea 퍼레아	vi. ~으로 보이다

a rămâne vi. 머물다
러므네

a da voie 허가하다
다 보이에

a se întâmpla vr. (사건)일어나다
세 은틈플라

4. 문법(Gramatică)

1) 형용사의 비교급(Gradul comparativ)

루마니아어 형용사 및 부사의 비교급은 부사 mai 를 사용하여 나타낸다.

예:
bun	좋은	-	mai bun	더 좋은
cald	더운	-	mai cald	더 더운
repede	빨리	-	mai repede	더 빨리
bine	잘	-	mai bine	더 잘

2) 존칭형 인칭 대명사(Pronumele personal de politeţe)

① 아랫사람: 우리말 '자네'에 해당

주격 : dumneata
소유격: dumitale
여격 : dumitale
목적격: (pe) dumneata

* 동사는 2 인칭 단수(tu)와 동일하다.

예: Dumneata lucrezi în bibliotecă?
Care e cartea dumitale?

② 윗사람에게 하는 존칭형은 격에 관계없이 dumneavoastră 형태뿐이다.
* 동사는 2 인칭 복수(voi)와 동일하다.

예: Dumneavoastră lucraţi în bibliotecă?
Care e cartea dumneavoastră?

3) 명사의 호격(Cazul vocativ)

현대 루마니아어의 표준 문법에선 단수 명사의 호격 어미 변화가 남성 명사에서만 주격+(ul)e 로 나타나고 있으며, 복수에선 남성 명사와 여성 명사 모두가 소유격(=여격) 복수와 동일한 형태를 취한다.

명사의 호격 어미 형태			
단수		복수	
남성	여성	남성	여성
-e -ule		-lor	

예: 단수 명사

Ştefane, vino acasă imediat după clasă!
Radule, adu-mi cartea de pe masă!
Maria, de ce ai lipsit ieri de la facultate?
Prietene, îţi mulţumesc!

Domnule, puteţi să-mi arătaţi unde e poşta?
Doamnă, vă rog să mă ajutaţi!

복수 명사

Domnilor, vă rog să prezentaţi paşapoartele!
Doamnelor şi domnişoarelor, bine aţi venit!

제 8 과 승낙과 거절(Confirmarea şi negarea)

1. 대화(Dialog)

Domnul Kim : Mă scuzaţi, domnule poliţist, aceasta este
돔눌 김 머 스쿠자치 돔눌레 폴리치스트 아차스타 예스테

Strada Sofia?
스트라다 소피아

Poliţistul : Nu domnule, aceasta este strada Tirana.
폴리치스툴 누 돔눌레 아차스타 예스테 스트라다 티라나

Domnul Kim : Aici nu este cartierul Primăverii?
아이치 누 예스테 카르티에룰 프리머베리

Poliţistul : Ba da, domnule, dar strada Sofia este puţin
바 다 돔눌레 다르 스트라다 소피아 예스테 푸친

mai încolo.
마이 은콜로

Domnul Kim : Este a doua stradă la dreapta?
예스테 아 도우아 스트라더 라 드레압타

Poliţistul : Nu, nicidecum, este a patra stradă la dreapta.
누 니치데쿰 예스테 아 파트라 스트라더 라 드레압타

Domnul Kim : Deci merg înainte şi apoi la dreapta.
데치 메르그 으나인테 쉬 아포이 라 드레압타

Poliţistul : Da, desigur, mergeţi drept înainte şi apoi la
다 데시구르 메르제치 드렙트 으나인테 쉬 아포이 라

dreapta.
드레압타

Domnul Kim : Vă mulţumesc pentru informaţie.
버 물추메스쿠 펜트루 인포르마치에

Politistul : Cu plăcere!
쿠 플러체레

김씨 : 경찰아저씨! 미안하지만, 이 길이 소피아 거리입니까?

경찰 : 아닙니다, 신사분! 이것은 티라나 거리입니다.

김씨 : 여기가 프리머바러 구역이 아닙니까?

경찰 : 예, 맞습니다, 신사분! 그러나 소피아 거리는 저 쪽입니다.

김씨 : 여기가 우측의 두 번째 거리입니까?

경찰 : 아닙니다, 여기는 우측의 네 번째 거리입니다.

김씨 : 그렇다면 똑바로 가다 오른쪽으로 가야만 되겠군요.

경찰 : 예, 물론이죠. 앞으로 곧장 가시다 오른쪽으로 가십시오.

김씨 : 알려주셔서 감사합니다.

경찰 : 천만에 말씀입니다.

2. 유용한 표현(Expresiile uzuale)

예.

Da.
다

물론이죠.

Desigur.
데시구르

Sigur că da.
시구르 커 다

당연한 일이죠.

Se înţelege de la sine.
세 은첼레제 데 라 시네

기꺼이(=천만에 말씀)

Cu (multă) plăcere.
쿠 (물터) 플러체레

동의합니다.

De acord.
데 아코르드

그렇습니다.

Aşa e.
아샤 예

의심의 여지가 없습니다.

Fără îndoială.
퍼러 은도이알러

아닙니다.

Nu.
누

전혀 (그렇지 않습니다).

Niciodată.
니치오다터

분명히 아닙니다.

Sigur că da.
시구르 커 다

당치도 않습니다.

Exclus.
엑스클루스

잘 모르겠습니다.

Nu ştiu.
누 슈티우

아마도 (그럴 수도 있습니다).

Poate.
포아테

3. 낱말 풀이(Cuvinte)

confirmare
콘피르마레
f. 긍정, 승낙

negare
네가레
f. 부정, 부인

poliţist
폴리치스트
m. 경찰, 경관

stradă
스트라더
f. 거리

primăvară
프리머바러
f. 봄(계절)

cartier
카르티에르
n. 구역, 단지

dreaptă
드레압터
f. 오른쪽, 직선

stângă
스틍거
f. 왼쪽

drept
드렙트
n. 법, 정당

adj. 오른쪽의, 올바른, 곧은, 법적인

dreptate
드렙타테
f. 올바름, 타당, 정의, 공정

informaţie
인포르마치에
f. 정보, 알림, 통보

plăcere
플러체레
f. 기쁨, 즐거움

dar
다르
conj. 그러나

deci
데치
conj. 그러므로, 따라서

încolo
은콜로
adv. 저쪽에

nicidecum
니치데쿰
adv. 전혀, 결코 ~ 않다.

înainte
으나인테
adv. 앞에서, 앞으로

desigur
데시구르
adj., adv. 분명히, 확실하게, 물론

apoi
아포이
adv. 그리고 나서, 그러면

4. 문법(Gramatică)

1) 서수(Număralul ordinal)

루마니아어의 서수는 해당 명사의 성(남성, 여성)에 따라서 두 가지 형태를 취한다. 중성 명사는 남성 명사와 동일하다.

① 우리말 첫 번째에 해당하는 어휘는 두 가지 형태가 있다.

<table>
<tr><th rowspan="2">수
격</th><th colspan="3">단수</th><th colspan="3">복수</th></tr>
<tr><th>남성</th><th>중성</th><th>여성</th><th>남성</th><th>중성</th><th>여성</th></tr>
<tr><td>주 격
목적격</td><td colspan="2">primul
întâiul</td><td>prima
întâia</td><td>primii
întâii</td><td colspan="2">primele
întâile</td></tr>
<tr><td rowspan="2">소유격
여 격</td><td colspan="2" rowspan="2">primului
întâiului</td><td rowspan="2">primei
întâii</td><td>primilor</td><td colspan="2">primelor</td></tr>
<tr><td colspan="3">întâilor</td></tr>
</table>

② 단수 주격 명사의 서수

수	남 성	여 성
1.	primul, întâiul 프리물 은트이울	prima, întâia 프리마 은트이아
2.	al doilea 알 도일레아	a doua 아 도우아
3.	al treilea 알 트레일레아	a treia 아 트레이아
4.	al patrulea 알 파트룰레아	a patra 아 파트라
5.	al cincilea 알 친칠레아	a cincea 아 친체아
6.	al şaselea 알 샤셀레아	a şasea 아 샤세아
7.	al şaptelea 알 샵텔레아	a şaptea 아 샵테아
8.	al optulea 알 옵툴레아	a opta 아 옵타
9.	al nouălea 알 노우얼레아	a noua 아 노우아

수	남 성	여 성
10.	al zecelea 알 제첼레아	a zecea 아 제체아
11.	al unsprezecelea 알 운스프레제첼레아	a unsprezecea 아 운스프레제체아
12.	al doisprezecelea 알 도이스프레제첼레아	a douăsprezecea 아 도우어스프레제체아
13.	al treisprezecelea 알 트레이스프레제첼레아	a treisprezecea 아 트레이스프레제체아
14.	al patrusprezecelea 알 파트루스프레제첼레아	a patrusprezecea 아 파트루스프레제체아

*15부터는 13, 14 등과 동일한 방법이 적용된다.

2) 명사의 곡용(Declinarea substantivului)

루마니아어 명사는 격에 따라서 어미 형태가 변한다.
다음은 남성, 여성, 중성에 해당하는 명사의 격변화 예이다.

① 부정관사가 오는 경우:

남성 명사(M.): copil ṣg. 어린 아이 - copii pl. 어린 아이들

	단수(Singular)	복수(Plular)
1. 주격(Nominativ)	un copil	nişte copii
2. 소유격(Genitiv)	unui copil	unor copii
3. 여격(Dativ)	unui copil	unor copii
4. 목적격(Accuzativ)	un copil	nişte copii

중성 명사(N.): parc sg. 공원 - parcuri pl. 공원들

	단수	복수
1. 주격	un parc	nişte parcuri
2. 소유격	unui parc	unor parcuri
3. 여격	unui parc	unor parcuri
4. 목적격	un parc	nişte parcuri

여성 명사(F.): casă sg. 집 - case pl. 집들

	단수	복수
1. 주격	o casă	nişte case
2. 소유격	unei case	unor case
3. 여격	unei case	unor case
4. 목적격	o casă	nişte case

② 정관사가 오는 경우:
남성 명사(M.): copil sg. - copii pl.

	단수	복수
1. 주격	copilul	copiii
2. 소유격	copilului	copiilor
3. 여격	copilului	copiilor
4. 목적격	copilul	copiii

중성 명사(N.): parc sg. - parcuri pl.

	단수	복수
1. 주격	parcul	parcurile
2. 소유격	parcului	parcurilor
3. 여격	parcului	parcurilor
4. 목적격	parcul	parcurile

여성 명사(F.): casă sg. - case pl.

	단수	복수
1. 주격	casa	casele
2. 소유격	casei	caselor
3. 여격	casei	caselor
4. 목적격	casa	casele

제 9 과 축하, 기원 및 조의
(Felicitări, urări şi condoleanţe)

1. 대화(Dialog)

Domnul Yi : Bună ziua domnule Georgescu! Vă felicit cu
돔눌 이 부너 지우아 돔눌레 제오르제스쿠 버 펠리치트 쿠

ocazia zilei dumneavoastră de naştere.
오카지아 질레이 둠네아보아스트러 데 나슈테레

Domnul Georgescu : Vă mulţumesc foarte mult! Şi eu vă
돔눌 제오르제스쿠 버 물추메스쿠 포아르테 물트 쉬 예우 버

urez sănătate şi fericire.
우레즈 서너타테 쉬 페리치레

Domnul Yi : Vă rog să transmiteţi şi doamnei Georgescu
버 록 서 트란스미테치 쉬 도암네이 제오르제스쿠

urările mele de bine!
우러릴레 멜레 데 비네

Domnul Georgescu : Cu plăcere şi vă mulţumesc în numele
쿠 플레체게 쉬 버 물추메스쿠 은 누멜레

ei. Soţia mea este însă supărată.
예이 소치아 메아 예스테 은서 수퍼라터

Domnul Yi : De ce? S-a întâmplat ceva rău?
데 체 사 은틈플라트 체바 러우

Domnul Georgescu : Da, acum o săptămână a murit
다 아쿰 오 섭터므너 아 무리트

bunica ei în vârstă de optzeci şi nouă de ani.
부니카 예이 은 브르스터 데 옵트제치 쉬 노우어 데 아니

Domnul Yi : Oh, îmi pare foarte rău. Vă rog să primiţi
오 으미 파레 포아르테 러우 버 록 서 프리미치

condoleanţele mele.
콘돌레안첼레 멜레

Domnul Georgescu : Vă mulţumesc, domnule Yi. Sunteţi
버 물추메스쿠 돔눌레 이 순테치

foarte amabil.
포아르테 아마빌

이씨 : 안녕하십니까? 제오르제스쿠씨! 생일을 축하합니다.

제오르제스쿠씨 : 대단히 감사합니다. 저도 당신에게 건강과 행운을 기원합니다.

이씨 : 당신 부인께도 안부를 전해 주십시오!

제오르제스쿠씨 : 감사합니다. 기꺼이 (전하겠습니다). 그러나 제 처가 기분이 안 좋습니다.

이씨 : 왜요? 무슨 좋지 않은 일이라도 있었습니까?

제오르제스쿠씨 : 예, 일 주일 전에 그녀의 조모가 89세로 타계하셨답니다.

이씨 : 오! 정말 안됐군요. 조의를 표합니다.

제오르제스쿠씨 : 감사합니다. 이 선생님! 대단히 친절하십니다.

2. 유용한 표현(Expresiile uzuale)

너의 생일을 진심으로 축하한다!

Cele mai bune urări de ziua ta de naştere!
췔레 마이 부네 우러리 데 지우아 타 데 나슈테레

생일을 맞이하여 건강하(시)기를 기원합니다.

Cele mai bune gânduri de sănătate cu ocazia zilei de
췔레 마이 부네 근두리 데 서너타테 쿠 오카지아 질레이 데

naştere!
나슈테레

만수무강하기를 (비네)!

Să trăieşti!
서 트러이에슈티

장수하(시)기를!

La mulţi ani!
라 물치 아니

축하합니다!

Felicitări!
펠리치터리

진심으로 축하합니다!

Sincere felicitări!
신체레 펠리치터리

당신에게 ~을 진심으로 축하 드립니다.

Vă felicit din toată inimă ~.
버 펠리치트 딘 토아터 이니머

행운을 빕니다!

Noroc!
노록

모든 일이 잘 되기를 빕니다!

Toate cele bune!
토아테 첼레 부네

즐거운 성탄절(을 맞이하시기를 기원합니다)!

Un Crăciun fericit (vă urează)!
운 크러치운 페리치트(버 우레아저)

행복한 한 해(를 맞이하시기를 기원합니다)!

Un An Nou fericit (vă urează)!
운 안 노우 페리치트 (버 우레아저)

당신에게 무궁한 발전과 행운과 건강을 기원합니다.

Vă doresc mult succes, multă fericire şi sănătate!
버 도레스크 물트 숙체스 물터 페리치레 쉬 서너타테

자네 부친께 안부 좀 전해 주게나!

Transmite respectele mele tatălui tău!
트란스미테 레스펙텔레 멜레 타털루이 터우

감사합니다. 잘 전해 드리겠습니다.

Mulţumesc! Le voi transmite!
물추메스크 레 보이 트란스미테

자네 처(부인)에게 인사 좀 전해 주게나!

Respectuoase salutări soţiei tale!
레스펙투오아세 살루터리 소치에이 탈레

만사 형통하시길 (바랍니다)!

Cu bine!
쿠 비네

즐거운 시간(이 되시기를 기원합니다)!

Petrecere frumoasă!
페트레체레 푸루모아서

즐거운 여행(이 되시기를 기원합니다)!

Călătorie plăcută!
컬러토리에 플러쿠터

쾌차(하시기를 기원합니다)!

Însănătoşire grabnică!
은서너토쉬레 그라브니커

Îmi pare foarte rău. 대단히 안됐군요.
으미 파레 포아르테 러우

심심한 조의(를 표합니다)!

Sincere condoleanţe!
신체레 콘돌레안체

3. 낱말 풀이(Cuvinte)

felicitare — f. 축하
펠리치타레

urare — f. 기원
우라레

condoleanţe — f., pl. 조의
콘돌레안체

ocazie — f. 기회, 경우
오카지에

zi — f. 날, 하루, 낮
지

naştere — f. 탄생, 태어남
나슈테레

sănătate — f. 건강
서너타테

fericire 페리치레	f. 행복, 행운
nume 누메	n. 이름
soţ 소츠	m. 남편
soţie 소치에	f. 아내, 부인
săptămână 섭터므너	f. 주(7 일간)
bunic 부닉	m. 조부
bunică 부니커	f. 조모
vârstă 브르스터	f. 나이
ceva 체바	adj., pron. nehot. 무엇인가, 어떤 것
amabil 아마빌	adj. 친절한
supărat 수퍼라트	adj. 화난, 슬픈, 침울한
a felicita 펠리치타	vt. 축하하다
a ura 우라	vt. 기원하다
a transmite 트란스미테	vt. 전하다, 옮기다

a muri
무리
vi. 죽다

a-i părea
퍼레아
vi. ~인 듯 싶다, ~인 것 같다

a primi
프리미
vt. 받다

a ruga
루가
vt. 부탁하다

în numele + 소유격
은 누멜레
~의 이름으로

în vârstă de
은 브르스터 데
~살의 나이로

4. 문법(Gramatică)

1) 소유 형용사(Adjectivul posesiv):
소유 형용사는 수식하는 사물의 성과 수에 따라 변한다.

사물 / 사람	단수			복수		
	남성	중성	여성	남성	중성	여성
1인칭단수	meu		mea	mei	mele	
2인칭단수	tău		ta	tăi	tale	
3인칭단수	său		sa	săi	sale	
1인칭복수	nostru		noastră	noştri	noastre	
2인칭복수	vostru		voastră	voştri	voastre	
3인칭복수	lor		lor	lor	lor	

2) 동사의 활용(Conjugarea verbelor)

① 직설법 현재(Modul indicativ, timpul prezent)

	a felicita vt. 축하하다	a ura vt. 기원하다
1.	felicit	urez
2.	feliciţi	urezi
3.	felicită	urează
4.	felicităm	urăm
5.	felicitaţi	uraţi
6.	felicită	urează

	a ruga vt. 부탁하다	a transmite vt. 전하다
1.	rog	transmit
2.	rogi	transmiţi
3.	roagă	transmite
4.	rugăm	transmitem
5.	rugaţi	transmiteţi
6.	roagă	transmit

	a muri vi. 죽다	a primi vt. 받다
1.	mor	primesc
2.	mori	primeşti
3.	moare	primeşte
4.	murim	primim
5.	muriţi	primiţi
6.	mor	primesc

② 비 인칭 동사(Verbe impersonale)

a-i părea vi. ~인 듯 싶다　a se întâmpla vr. 발생하다

1. îmi pare	
2. îţi pare	
3. îi pare	se întâmplă
4. ne pare	
5. vă pare	
6. le pare	

③ 복합 과거(Modul indicativ, perfectul compus)

a muri	a se întâmpla
1. am murit	
2. ai murit	
3. a murit	s-a întâmplat
4. am murit	
5. aţi murit	
6. au murit	

제 10 과 만남과 이별(Întâlnirea şi despăţirea)

1. 대화 (Dialog)

Domnul Popescu : Bună ziua, domnule Kim! Îmi pare bine
돔눌 포페스쿠 부너 지우아 돔눌레 김 으미 파레 비네

că vă întâlnesc!
커 버 은틀네스크

Domnul Kim : Bună ziua domnule Popescu! Şi mie îmi pare
돔눌 김 부너 지우아 돔눌레 포페스쿠 쉬 미에 으미 파레

bine că vă revăd.
비네 커 버 레버드

Domnul Popescu : Nu v-am mai văzut de mult timp.
누 밤 마이 버주트 데 물트 팀프

Aţi fost ocupat?
아치 포스트 오쿠파트

Domnul Kim : Da, am avut mult de lucru în ultima vreme.
다 암 아부트 물트 데 루크루 은 울티마 브레메

Domnul Popescu : Poate când aveţi timp veniţi în vizită la
포아테 큰드 아베치 팀프 베니치 은 비지터 라

noi.
노이

Domnul Kim : Cu multă plăcere. Poate voi veni săptămâna
쿠 물터 플러체레 포아테 보이 베니 섭터므나

viitoare.
비토아레

Domnul Popescu : Vă aşteptăm cu nerăbdare. La revedere!
버 아슈텝텀 쿠 네러브다레 라 레베데레

Domnul Kim : La revedere şi pe curând!
라 레베데레 쉬 페 쿠른드

포페스쿠씨 : 안녕하십니까? 김 선생님! 당신을 만나서 반갑습니다.

김씨 : 안녕하십니까? 포페스쿠씨! 저도 역시 당신을 다시 만나 뵈니 반갑습니다.

포페스쿠씨 : 오랫동안 당신을 뵙지 못했습니다. 바쁘셨습니까?

김씨 : 예, 최근에 일이 많았습니다.

포페스쿠씨 : 시간이 나실 때 저희 집을 방문해 주시지요.

김씨 : 기꺼이(그러지요). 다음 주에 가겠습니다.

포페스쿠씨 : 오시기만 학수고대하겠습니다. 또 다시 뵙겠습니다!

김씨 : 조만간 다시 뵙겠습니다!

2. 유용한 표현(Expresiile uzuale)

자네 이거 얼마 만인가?

Nu te-am mai văzut de un veac!
누 테암 마이 버주트 데 운 베악

언제 한 번 우리 집에 와서 부모님께 인사드리지!

Vino într-o zi la noi să-mi cunoşti părinţii!
비노 은트로 지 라 노이 서 미 쿠노슈티 퍼린치

당신을 다시 뵙게 돼서 반갑습니다.

Sunt foarte bucuros să vă revăd.
순트 포아르테 부쿠로스 서 버 레버드

너를 만나서 기쁘구나!

Îmi pare bine că te întâlnesc!
으미 파레 비네 커 테 은틀네스크

어서 오십시오!

Bine aţi venit!
비네 아치 베니트

그럼 저는 이만 물러나겠습니다.

Permiteţi-mi să mă retrag.
페르미테치 미 서 머 레트락

너무 서두르지 마시죠(좀더 계시지요)!

Nu vă grăbiţi!
누 버 그러비치

좀더 계시면서 얘기 좀 더 하시죠.

Mai staţi, vă rog, să mai discutăm.
마이 스타치 버 록 서 마이 디스쿠텀

왜 그렇게 서두르세요?

De ce vă grăbiţi?
데 체 버 그러비치

왜냐하면 아직 할 일들이 많기 때문입니다.

Pentru că am încă multe treburi azi.
펜트루 커 암 은커 물테 트레부리 아지

오후에 할 일이 좀 있습니다.

Mai am ceva de facut după-amiază.
마이 암 체바 데 퍼쿠트 두퍼 아미아저

정말 죄송스럽습니다만 급히 볼일이 있습니다.

Îmi pare într-adevăr foarte rău dar mă grăbesc.
으미 파레 은트라데버르 포아르테 러우 다르 머 그러베스크

그렇다면 더 이상 만류하지 않겠습니다.

Atunci, nu vă mai reţin.
아툰치 누 버 마이 레친

함께 해주셔서 감사합니다.

Mulţumesc pentru companie.
물추메스크 펜트루 콤파니에

매우 즐거웠습니다.

Mi-a plăcut foarte mult.
미 아 플러쿠트 포아르테 물트

즐거웠습니다.

Mi-a făcut plăcere.
미 아 퍼쿠트 플러체레

안녕히 계십시오!

Rămâneţi cu bine!
러므네치 쿠 비네

가끔 소식 전해 주시기 바랍니다.

Vă rog să-mi scrieţi din când în când.
버 록 서 미 스크리에치 딘 큰드 은 큰드

다시 또 뵙겠습니다!

La revedere!
라 레베데레

조만간 다시 만나 뵙기를 바랍니다!

Sper că ne revedem curând!
스페르 커 네 레베뎀 쿠른드

3. 낱말 풀이(Cuvinte)

întâlnire 은틀니레	f. 만남, 약속
despărţire 데스퍼르치레	f. 헤어짐, 이별
timp 팀프	n. 시간, 기간
vreme 브레메	f. 시간, 날씨
lucru 루크루	n. 일
vizită 비지터	f. 방문
răbdare 러브다레	f. 인내, 참음
nerăbdare 네러브다레	f. 초조, 불안, 성급함
revedere 레베데레	f. 다시 만남, 재회
că 커	conj. ~라는 것, ~하다는 것
când 큰드	conj. ~할 때에, 언제
ocupat 오쿠파트	adj. 바쁜, 지정된(좌석)
ultim 울팀	adj. 마지막의, 최후의

viitor 비토르	adj. 다음의, 그 뒤에 오는
bine 비네	adv. 잘, 좋게
de mult timp 데 물트 팀프	오랫동안
în ultima vreme 은 울티마 브레메	최근에
cu nerăbdare 쿠 네러브다레	초조하게, 안절부절못하며
pe curând 페 쿠른드	조만간
a veni în vizită la 베니 은 비지터 라	~집을 방문하다

4. 문법(Gramatică)

1) 전치사 'de'의 용법(Valorile prepoziţiei 'de'):

① 소유의 의미: pantofi de sport, cursuri de limba română
② ~부터(시간): de o săptămână, de ieri
③ 수동태: Cerul este acoperit de nori.
④ 각 단위의 20~100의 숫자와 명사 사이: 25 de grade, 50 de studenţi
⑤ 비교를 나타내는 일부 부사들 다음:

deosebit de frumoasă	특별히 아름다운
destul de frumoasă	충분히 아름다운
(tot) aşa de frumoasă	똑같이 아름다운

2) 동사의 활용(Conjugarea verbelor)

① 현재 인칭 변화(Modul indicativ, timpul prezent)

a veni vi. 오다	a aştepta vt. 기다리다
1. vin	aştept
2. vii	aştepţi
3. vine	aşteaptă
4. venim	aşteptăm
5. veniţi	aşteptaţi
6. vin	aşteaptă

② 미래시제(Modul indicativ, timpul viitor):
루마니아어 미래시제의 유형은 구어체와 문어체 등 크게 3가지로 구분된다. 다음은 우리말 '나는 할 것이다'에 해당하는 루마니아어 미래 시제의 예들이다:

a) 구어체: 불변화사 o + 접속법
예: Eu o să fac.
Tu o să faci.
El/Ea o să facă.
Noi o să facem.
Voi o să faceţi.
Ei/Ele o să facă.

b) 구어체 고형: a avea 동사의 현재 인칭변화 + 접속법
예: Eu am să fac.
Tu ai să faci.
El/Ea are să facă.
Noi avem să facem.
Voi aveţi să faceţi.
Ei/Ele au să facă.

c) 문어체: 조동사 a voi 의 현재 인칭변화 + 부정형(inf.)

예: Eu voi face.
Tu vei face.
El/Ea va face.
Noi vom face.
Voi veţi face.
Ei/El vor face.

제 11 과 서간체(Formule epistolare)

1-1. 친구간의 편지(Scrisoarea amicală)

Sinaia, 7 august, 1999

Dragă Mija,
드라거 미자

Am sosit acum o săptămână în România. Totul merge
암 소시트 아쿰 오 섭터므너 은 로므니아 토툴 메르제

bine. Mă simt minunat cu aerul curat de aici. Cursurile
비네 머 심트 미누나트 쿠 아에룰 쿠라트 데 아이치 쿠르수릴레

de vară de la Sinaia sunt foarte interesante şi utile. Învăţ
데 바러 델 라 시나이아 순트 포아르테 인테레산테 쉬 우틸레 은버츠

nu numai limba română, ci şi multe lucruri despre viaţa,
누 누마이 림바 로므너 치 쉬 물테 루크루리 데스프레 비아차

cultura şi istoria poporului român.
쿨투라 쉬 이스토리아 포포룰루이 로믄

Şi tu ai fost la Sinaia. Cred că cunoşti oraşul. E un oraş
쉬 투 아이 포스트 은 시나이아 크레드 커 쿠노슈티 오라슐 예 운 오라슈

de munte mic, dar foarte frumos. Alaltăieri am vizitat
데 문테 믹 다르 포아르테 프루모스 알랄터이에리 암 비지타트

Muzeul Peleş care se află pe malul râului Pelişor. E un
무제울 펠레슈 카레 세 아플러 페 말룰 르울루이 펠리쇼르 예 운

muzeu bogat în colecţii de artă românească şi străină.
무제우 보가트 은 콜렉치 데 아르터 로므네아스커 쉬 스트러이너

Ieri, sâmbătă, ne-am dus la castelul Bran împreună cu
예리 슴버터 네 암 두스 라 카스텔룰 브란 음프레우너 쿠

câţiva colegi de grupă. Ne-am întors obosiţi dar bucuroşi
크치바 콜레지 데 그루퍼 네 암 은토르스 오보시치 다르 부쿠로쉬

că am văzut locuri frumoase.
커 암 버주트 로쿠리 프루모아세

Sunt mulţumită aici. Mă gândesc mereu la tine şi aştept
순트 물추미터 아이치 머 근데스크 메레우 라 티네 쉬 아슈텝트

să te revăd.
서 테 레버드

Multe sărutări,
물테 서루터리

Insuk
인숙

1-1. 친구간의 편지

시나이아, 1999년 8월 7일

사랑하는 미자에게,

나는 일 주일 전에 루마니아에 도착했어. 모든 일이 잘 되고 있어. 나는 이 곳의 맑은 공기 덕분에 기분이 참 좋아. 이 곳 시나이아의 하계 어학 강좌는 매우 재미있고 유익하지. 나는 루마니아어뿐만 아니라 루마니아인들의 생활과 문화 및 역사에 관하여 많은 것들을 배우고 있어.
너도 시나이아에 와 보아서 이 도시에 대해서 알고 있으리라 믿고 있지. 시나이아는 조그맣지만 매우 아름다운 산악 도시지. 그제는 펠리쇼르 강기슭에 자리잡고 있는 펠리슈 박물관을 관람했

어. 많은 국내외 예술 작품들을 소장하고 있지.
토요일인 어제는 몇몇 학우들과 함께 브란 성에 다녀왔어. 우리는 매우 지쳐서 돌아 왔지만 명소들을 관광해서 무척 기뻤어. 나는 이 곳에서 아주 만족하고 있어. 그리고 항상 네 생각을 하고 있지. 너를 다시 보기를 학수고대한다.

안녕(많은 입맞춤),
인숙으로부터

1-2. 사적인 편지(Scrisoarea privată)

Seul, 25 martie, 1999

Dragă domnule Vasilescu,
드라거 돔눌레 바실레스쿠

Am primit scrisoarea dumitale şi mă bucur că eşti sănătos.
암 프리미트 스크리소아레아 두미탈레 쉬 머 부쿠르 커 예슈티 서너토스

Vara viitoare vreau să vin pentru o săptămână în România
바라 비토아레 브레아우 서 빈 펜트루 오 섭터므너 은 로므니아

să vizitez mănăstirile din nordul Moldovei. Am auzit că sunt
서 비지테즈 머너스티릴레 딘 노르둘 몰도베이 암 아우지트 커 순트

renumite în ţară şi peste hotare. Voi veni împreună cu
레누미테 은 차러 쉬 페스테 호타레 보이 베니 음프레우너 쿠

familia mea şi sper să ne revedem. Până atunci îţi urez
파밀랴 메아 쉬 스페르 서 네 레베뎀 프너 아툰치 으치 우레즈

dumitale şi familiei multă sănătate.
두미탈레 쉬 파밀리에이 물터 서너타테

Cu sinceră prietenie,
쿠 신체러 프레테니에

Hong, Ghil-Dong
홍 길 동

1-2. 사적인 편지

서울, 1999년 3월 25일

친애하는 바실레스쿠씨

당신의 편지를 잘 받아 보았소. 당신이 건강하다니 기쁘구려. 오는 여름에는 1주일간 루마니아를 방문하여 북부 몰도바 지방의 수도원들을 관광하려고 하오. 그 수도원들은 루마니아 국내에서 뿐만 아니라 해외에서도 잘 알려진 것으로 들어서 알고 있소. 나는 나의 가족과 함께 갈 예정이며, 우리가 다시 만나 볼 수 있기를 바라오. 그때까지 당신과 가족 여러분들 모두 건강하기를 기원하오.

진정한 우정과 함께,
홍 길동

1-3. 공적인 편지(Scrisoarea oficială)

Seul, 6 aprilie, 1999

Stimate domnule Decan,
스티마테 돔눌레 데칸

Am primit invitaţia dumneavoastră pentru cursurile de
암 프리미트 인비타치아 둠네아보아스트러 펜트루 쿠르수릴레 데

vară de la Sinaia. Voi participa cu plăcere la aceste cursuri
바러 델 라 시나이아 보이 파르티치파 쿠 플러체레 라 아체스테 쿠르수리

de vară la care am fost şi anul trecut. Probabil voi veni în
데 바러 라 카레 암 포스트 쉬 아눌 트레쿠트 프로바빌 보이 베니 은

România la data de 25 iulie şi voi sta până la
로므니아 라 다타 데 도우어제치 쉬 친치 이울리에 쉬 보이 스타 프너 라

sfârşitul lunii august.
스프르쉬툴 루니 아우구스트

În încheiere, vă rog să primiţi, domnule Decan, expresia
은 은케이에레 버 록 서 프리미치 돔눌레 데칸 엑스프레시아

sentimentelor mele de aleasă consideraţie.
센티멘텔로르 멜레 데 아레아서 콘시데라치에

Al dumneavoastră,
알 둠네아보아스트러

Hong, Ghil-Dong
홍 길 동

1-3. 공적인 편지

서울, 1999년 4월 6일

존경하는 학장님 전,

시나이아에서 개최되는 하계 어학강좌를 위한 당신의 초청장을 잘 받았습니다. 지난해에도 하계 어학강좌에 참석했었지만 올해에도 기꺼이 청강할 계획입니다. 아마도 7월 25일에 루마니아에 가서, 8월말까지 머물 것 같습니다.
학장님에 대한 저의 경의를 받아 주시기를 바라며 이만 줄이겠습니다.

당신의,
홍 길동 올림

2. 유용한 표현(Expresiile uzuale)

Dragă ~!
드라거
사랑하는 ~(에게)!

Dragă Radu!
드라거 라두
사랑하는 라두(에게)!

Dragă Maria!
드라거 마리아
사랑하는 마리아(에게)!

Dragul meu!
드라굴 메우
(남자)사랑하는 사람(에게)!

Draga mea! 드라가 메아	(여자)사랑하는 사람(에게)!
Dragii mei! 드라지 메이	사랑하는 사람들(에게)!
Dragele mele! 드라젤레 멜레	(여자들)사랑하는 사람들(에게)!
Dragi prieteni! 드라지 프리에테니	사랑하는 친구들(에게)!
Dragi prietene! 드라지 프리에테네	(여자들)사랑하는 친구들(에게)!
Stimate Domnule ~! 스티마테 돔눌레	존경하는 ~님(께)!
Stimată Doamnă ~! 스티마터 도암너	존경하는 ~부인(께)!
Mult stimate domnule Profesor! 물트 스티마테 돔눌레 프로페소르	대단히 존경하는 교수님(전)!
Salutări prieteneşti, 살루터리 프리에테네슈티	우정의 인사
Calde salutări, 칼데 살루터리	따듯한 인사
Multe sărutări, 물테 서루터리	안녕(많은 입맞춤)
Cu drag, 쿠 드락	안녕(사랑스러운)
Cu sinceră prietenie, 쿠 신체러 프리에테니에	안녕(진정한 우정과 함께)
Cu multe complimente, 쿠 물테 콤플리멘테	재배

Cu toată stimă, 근백
쿠 토아터 스티머

Cu deosebită stimă 근백
쿠 데오세비터 스티머

Vă rog să primiţi, domnule ~, asigurarea profundului meu
버 록 서 프리미치 돔눌레 아시구라레아 프로푼둘루이 메우

respect, 근백
레스펙트

Al dumneavoastră, 올림
알 둠네아보아스트러

3. 낱말 풀이(Cuvinte)

formulă f. 문구, 문체, 형식
포르물러

scrisoare f. 편지
스크리소아레

aer n. 공기, 분위기
아에르

curs n. 강좌, 코스
쿠르스

lucru n. 사물, 일, 대상
루크루

viaţă f. 삶, 생활
비아처

cultură f. 문화
쿨투러

istorie 이스토리에	f. 역사
popor 포포르	n. 국민, 민족
oraş 오라슈	n. 도시
mal 말	n. 강 기슭
râu 르우	n. 강
muzeu 무제우	n. 박물관
colecţie 콜렉치에	f. 수집(품)
castel 카스텔	n. 성(곽)
coleg 콜렉	m. 동료, 학우
grupă 그루퍼	f. 집단, 그룹
loc 록	n. 장소, 좌석
sărutare 서루타레	f. 입맞춤, 키스
mănăstire 머너스티레	f. 수도원
ţară 차러	f. 시골, 국가

hotar 호타르	n. 경계, 국경
sănătate 서너타테	f. 건강
prietenie 프리에테니에	f. 우정
sfârşit 스프르쉬트	n. 끝(부분)
încheiere 은케이이에레	f. 닫음, 마침
expresie 엑스프레시에	f. 표현(법)
consideraţie 콘시데라치에	f. 고려, 존경
luni 루니	f. 월요일
marţi 마르치	f. 화요일
miercuri 미에르쿠리	f. 수요일
joi 조이	f. 목요일
vineri 비네리	f. 금요일
sâmbătă 슴버터	f. 토요일
duminică 두미니커	f. 일요일

ianuarie 이아누아리에	m. 1 월
februarie 페브루아리에	m. 2 월
martie 마르티에	m. 3월
aprilie 아프릴리에	m. 4월
mai 마이	m. 5월
iunie 이우니에	m. 6월
iulie 이울리에	m. 7월
august 아우구스트	m. 8월
septembrie 셉템브리에	m. 9월
octombrie 옥톰브리에	m. 10월
noiembrie 노이엠브리에	m. 11월
decembrie 데쳄브리에	m. 12월
primăvară 프리머바러	f. 봄
vară 바러	f. 여름

toamnă 토암너	f. 가을
iarnă 이아르너	f. 겨울
tot 토트	pron. 모두, 모든 것
	adj. 모든
ci 치	conj. 그러나
epistolar 에피스톨라르	adj. 서신의, 편지의
curat 쿠라트	adj. 깨끗한
util 우틸	adj. 유용한, 유익한
bogat 보가트	adj. 풍부한
românesc 로므네스크	adj. 루마니아(인)의
străin 스트러인	adj. 외국의, 해외의
privat 프리바트	adj. 사적인
obosit 오보시트	adj. 피곤한, 지친
bucuros 부쿠로스	adj. 기쁜
sănătos 서너토스	adj. 건강한

renumit 레누미트	adj. 유명한
oficial 오피치알	adj. 공적인
trecut 트레쿠트	adj. 지나간, 과거의
ales 알레스	adj. 선택된, 선별된
minunat 미누나트	adv. 훌륭하게
mereu 메레우	adv. 항상
atunci 아툰치	adv. 그 때, 그 당시
a sosi 소시	vi. 도착하다
a se simţi 세 심치	vr. 느끼다, ~한 기분이다
a cunoaşte 쿠노아슈테	vt. 알다, 알고 있다
a crede 크레데	vt. 믿다
a vizita 비지타	vt. 방문하다
a se afla 세 아플러	vr. 위치하다, ~에 있다
a se duce 세 두체	vr. 가다

a se întoarce 세 은토아르체 — vr. 돌아오다

a se gândi la 세 근디 — ~을 생각하다, 고려하다

a se bucura 세 부쿠라 — vr. 기쁘다

a auzi 아우지 — vt. 듣다

a spera 스페라 — vt., vi. 희망하다, 바라다

a revedea 레베데아 — vt. 다시 보다, 재회하다

4. 문법(Gramatică)

1) 동사의 활용(Conjugarea verbelor)

직설법 현재(Modul indicativ, timpul prezent)

a cunoaşte vt. 알다	a sosi vi. 도착하다
1. cunosc	sosesc
2. cunoşti	soseşti
3. cunoaşte	soseşte
4. cunoaştem	sosim
5. cunoaşteţi	sosiţi
6. cunosc	sosesc

a vizita vt. 방문하다
1. vizitez
2. vizitezi
3. vizitează
4. vizităm
5. vizitaţi
6. vizitează

a revedea vt. 다시 보다
revăd
revezi
revede
revedem
revedeţi
revăd

a vrea vt. 원하다
1. vreau
2. vrei
3. vrea
4. vrem
5. vreţi
6. vor

a voi va. 조동사(미래시제)
voi
vei
va
vom
veţi
vor

a se simţi vr. 느끼다
1. mă simt
2. te simţi
3. se simte
4. ne simţim
5. vă simţiţi
6. se simt

a se întoarce vr. 돌아오다
mă întorc
te întorci
se întoarce
ne întoarcem
vă întoarceţi
se întorc

a se gândi vr. 생각하다	a se bucura vr. 기쁘다
1. mă gândesc	mă bucur
2. te gândeşti	te bucuri
3. se gândeşte	se bucură
4. ne gândim	ne bucurăm
5. vă gândiţi	vă bucuraţi
6. se gândesc	se bucură

2) 형용사의 곡용(Declinarea adjectivului):
형용사는 일반적으로 수식하는 명사의 성과 수에 따라서 4 가지 형태로 변하지만, 일부 형용사들은 3 가지나 2 가지 또는 전혀 변화하지 않는 형용사도 있다:

① 4 가지 형태: 대부분의 형용사:
예: bun(좋은), frumos(아름다운), modern(현대의)

단 수			복 수		
남성	중성	여성	남성	중성	여성
bun		bună	buni	bune	
frumos		frumoasă	frumoşi	frumoase	
modern		modernă	moderni	moderne	

② 3 가지 형태:
예: mic(작은), lung(긴), larg(넓은)

단수			복수		
남성	중성	여성	남성	중성	여성
mic		mică	mici		
lung		lungă	lungi		
larg		largă	largi		

③ 2 가지 형태:
성(Gen)과는 상관없이 단수와 복수에서만 구분된다.
예:

단수			복수
mare	adj.	큰	mari
tare	adj.	강한	tari
verde	adj.	파란	verzi
dulce	adj.	달콤한	dulci

* vechi(낡은)은 여성, 단수에서만 veche 이고 그 이외는 모두 vechi 형이 사용된다.

④ 1 가지 형태:
예: bej, bordo, crem, gri, maro, mov, roz 등 주로 색상을 나타내는 형용사들이다.

제 12 과 숫자(Numerale)

1. 대화(Dialog)

Domnul Yi : Vă rog, puteţi să-mi spuneţi dacă aici
돔눌 이 버 록 푸테치 서 미 스푸네치 다커 아이치

opreşte tramvaiul doisprezece?
오프레슈테 트람바이울 도이스프레제체

Un trecător: Da domnule. Unde vreţi să mergeţi?
운 트레커토르 다 돔눌레 운데 브레치 서 메르제치

Domnul Yi : Vreau să merg la piaţa Obor.
브레아우 서 메르그 라 피아차 오보르

Un trecător: Puteţi să luaţi şi troleibuzul optzeci şi cinci
푸테치 서 루아치 쉬 트롤레이부줄 옵제치 쉬 친치

sau maşina (autobuzul) o sută treizeci şi patru.
사우 마쉬나 (아루토부줄) 오 수터 트레이제치 쉬 파트루

Domnul Yi : Dacă iau maşina o sută treizeci şi patru, la a
다커 이아우 마쉬나 오 수터 트레이제치 쉬 파트루 라 아

câta staţie trebuie să cobor?
크타 스타체 트레부이에 서 코보르

Un trecător: Trebuie să coborâţi la a şasea staţie.
트레부이에 서 코보르치 라 아 샤세아 스타치에

Domnul Yi : Vă mulţumesc!
버 물추메스크

Un trecător: Cu plăcere, domnule!
쿠 플러체레 돔눌레

이씨 : 실례지만, 12번 전차가 여기 어디서 정차하는지 좀 말 해주실 수 있습니까?

행인 : 예, 신사분. 어딜 가시려고 합니까?

이씨 : 오보르 광장엘 가려고 합니다.

행인 : 전동 버스 85번이나 버스 134번을 타시면 됩니다.

이씨 : 134번 버스를 타면 몇 번째 정류장에서 내리면 됩니까?

행인 : 6번 째 정류장에서 내리시면 됩니다.

이씨 : 감사합니다!

행인 : 천만에요!

2. 유용한 표현(Expresiile uzuale)

도서관에는 오로지 한 명의 여학생만 있습니다.

E numai o studentă la bibliotecă.
예 누마이 오 스투덴터 라 비블리오테커

교실에는 15명의 학생들이 있습니다.

Sunt cincisprezece elevi în clasă.
순트 친치스프레제체 엘레비 은 클라서

3 + 2 = 5

Trei plus doi fac cinci.
트레이 플루스 도이 팍 친치

10 + 8 = 18

Zece plus opt fac optsprezece.
제체 프루스 옵트 팍 옵트스프레제체

7 - 4 = 3

Şapte minus patru fac trei.
샵테 미누스 파트루 팍 트레이

25 - 16 = 9

Douăzeci şi cinci minus şaisprezece fac nouă.
도우어제치 쉬 친치 미누스 샤이스프레제체 팍 노우어

15 ÷ 5 = 3

Cincisprezece împărţit la cinci (este) egal (cu) trei.
친치스프레제체 음퍼르치트 라 친치 (예스테) 에갈 (쿠) 트레이

6 × 4 = 24

Şase înmulţit cu patru egal douăzeci şi patru.
샤세 은물치트 쿠 파트루 에갈 도우어제치 쉬 파트루

1/4 킬로그램

un sfert de kilogram
운 스페르트 데 킬로그람

1/2 리터

o jumătate de litru
오 주머타테 데 리트루

3 배수

de trei ori
데 트레이 오리

1%

unu la sută
우누 라 수터

5.3%

cinci virgulă trei la sută
친치 비르굴러 트레이 라 수터

한 켤레 구두

o pereche de ghete
오 페레케 데 게테

한 타스 연필

o duzină de creioane
오 두지너 데 크레이오아네

3. 낱말 풀이(Cuvinte)

① 기수(Numeralul cardinal)

숫자 1과 2는 다음에 오는 명사의 성에 따라 형태가 다르다. 중성명사는 단수에선 남성명사와 같이, 복수에선 여성명사처럼 취급한다.

1	unu (+남성) 우누	una (+여성) 우나
2	doi (+남성) 도이	două (+여성) 도우어
3	trei 트레이	
4	patru 파트루	
5	cinci 친치	
6	şase 샤세	
7	şapte 샵테	
8	opt 옵트	
9	nouă 노우어	
10	zece 제체	

11	unsprezece 운스프레제체	
12	doisprezece 도이스프레제체	douăsprezece 도우어스프레제체
13	treisprezece 트레이스프레제체	
14	paisprezece 파이스프레제체	
15	cin(ci)sprezece 친스프레제체	
16	şaisprezece 샤이스프레제체	
17	şaptesprezece 샵테스프레제체	
18	optsprezece 옵트스프레제체	
19	nouăsprezece 노우어스프레제체	
⋮		

* 각 단위의 숫자 20~100 다음에 명사가 올 경우 숫자와 명사 사이에 전치사 de를 사용한다.

수 + de + 무관사명사		
20	douăzeci 도우어제치	
21	douăzeci şi unu 도우어제치 쉬 우누(+남성)	douăzeci şi una 도우어제치 쉬 우나(+여성)
22	douăzeci şi doi 도우어제취 쉬 도이(+남성)	douăzeci şi două 도우어제치 쉬 도우어(+여성)
23	douăzeci şi trei 도우어제치 쉬 트레이	
30	treizeci 트레이제치	
40	patruzeci 파트루제치	

50	cin(ci)zeci 친(치)제치
60	şaizeci 샤이제치
70	şaptezeci 샵테제치
80	optzeci 옵트제치
90	nouăzeci 노우어제치
100	o sută 오 수터
101	o sută şi unu 오 수터 쉬 우누
111	o sută unsprezece 오 수터 운스프레제체
121	o sută douăzeci şi unu 오 수터 도우어제치 쉬 우누
200	două sute 도우어 수테
500	cinci sute 친치 수테
1,000	o mie 오 미에
1,001	o mie unu 오 미에 우누
1,011	o mie unsprezece 오 미에 운스프레제체
1,021	o mie douăzeci şi unu 오 미에 도우어제치 쉬 우누
1,100	o mie o sută 오 미에 오 수터
10,000	zece mii 제체 미이
100,000	o sută de mii 오 수터 데 미이
1,000,000	un milion 운 밀리온

② 서수(Numeralul ordinal)

루마니아어의 서수는 해당 명사의 성(남성, 여성)에 따라서 두 가지 형태를 취한다. 중성 명사는 남성 명사와 동일하다.

수	남성	여성
1.	primul 프리물	prima 프리마
2.	al doilea 알 도일레아	a doua 아 도우아
3.	al treilea 알 트레일레아	a treia 아 트레이아
4.	al patrulea 알 파트룰레아	a patra 아 파트라
5.	al cincilea 알 친칠레아	a cincea 아 친체아
6.	al şaselea 알 샤셀레아	a şasea 아 샤세아
7.	al şaptelea 알 샵텔레아	a şaptea 아 샵테아
8.	al optulea 알 옵툴레아	a opta 아 옵타
9.	al nouălea 알 노우얼레아	a noua 아 노우아
10.	al zecelea 알 제첼레아	a zecea 아 제체아
11.	al unsprezecelea 알 운스프레제첼레아	a unsprezecea 아 운스프레제체아
12.	al doisprezecelea 알 도이스프레제첼레아	a douăsprezecea 아 도우어스프레제체아
13.	al treisprezecelea 알 트레이스프레제첼레아	a treisprezecea 아 트레이스프레제체아

14부터는 13과 같은 방법을 취한다.

4. 문법(Gramatică)

1) 접속법 현재(Modul conjunctiv, timpul prezent):

접속법은 접속사 să 다음에 본동사의 접속법 인칭변화 형태로 구성된다. 동사의 접속법 인칭 변화는 1, 2 인칭 단, 복수에선 직설법 형태와 동일하며 단지 3 인칭에서만 직설법 형태와 차이를 보인다. 접속법 3 인칭 현재형은 몇몇 불규칙 동사들을 제외하고는 직설법 3 인칭 현재 활용 어미가 -ă일 경우 -ă > -e 로, 반대로 활용 어미가 -e일 경우엔 -e > -ă 로 변화한다.

예: 직설법	접속법
El cântă.	El vrea să cânte.
Ea merge.	Ea trebuie să meargă.

동사 a fi의 접속법 현재 인칭 변화는 예외적으로 각 인칭 별로 모두 변화한다.

예: Eu trebuie să fiu.
Tu trebuie să fii.
El/Ea trebuie să fie.
Noi trebuie să fim.
Voi trebuie să fiţi.
Ei/Ele trebuie să fie.

접속법의 가장 기본적인 용법은 a trebui, a vrea, a putea 등과 같은 조동사 다음에 사용되는 것이다.
조동사 a putea 다음에는 동사의 부정형(Infinitiv)이 올 수도 있고, 접속법이 올 수도 있다.

예: 나는 루마니아어를 조금 할 수 있다.

(Eu) pot vorbi puţin româneşte.

(Eu) pot să vorbesc puţin româneşte.

제 13 과 시간(Ora)

1. 대화(Dialog)

Studentul Yi : Te rog, poţi să-mi spui câte este ceasul?
스투덴툴 이 테 록 포치 서 미 스푸이 크테 예스테 체아술

Ceasul meu a stat.
체아술 메우 아 스타트

Studentul Ionescu : Este zece şi douăzeci şi cinci de minute.
스투덴툴 이온네스쿠 예스테 제체 쉬 도우어제치 쉬 친치 데 미누테

Studentul Yi : La ce oră începe cursul de istoria limbii
라 체 오러 은체페 쿠르술 데 이스토리아 림비

române?
로므네

Studentul Ionescu : Cursul de istoria limbii române începe la
쿠르술 데 이스토리아 림비 로므네 은체페 라

ora două după-amiază.
오라 도우어 두퍼 아미아저

Studentul Yi : Când se termină cursul de istoria limbii
큰드 세 테르미너 쿠르술 데 이스토리아 림비

române?
로므네

Studentul Ionescu : Cursul se termină la ora patru şi jumătate
쿠르술 세 테르미너 라 오라 파트루 쉬 주머타테

după-amiază.
두퍼 아미아저

Studentul Yi : Până la ce oră avem cursuri astăzi?
프너 라 체 오러 아벰 쿠르수리 아스터지

Studentul Ionescu : Astăzi avem cursuri până la ora şapte seara.
아스터지 아벰 쿠르수리 프너 라 오라 샵테 세아라

대학생 이 : 미안하지만 몇 시인지 좀 말해줄 수 있니?
내 시계가 멈춰 섰어.

대학생 이오네스쿠 : 10시 25분이야.

이 : 루마니아어사 강의가 몇 시에 시작하지?

이오네스쿠 : 루마니아어 강의는 오후 2시에 시작해.

이 : 루마니아어사 강의가 몇 시에 끝나지?

이오네스쿠 : 그 강의는 오후 4시 반에 끝나.

이 : 우리 오늘 몇 시까지 수업이 있지?

이오네스쿠 : 오늘 우리 수업이 저녁 7시까지 있어.

2. 유용한 표현(Expresiile uzuale)

몇 시입니까?

Cât e ceasul?
크테 예 체아술

Cât e ora?
크트 예 오라

지금 몇 시입니까?

Ce oră e acum?
체 오러 예 아쿰

실례지만 지금 몇 시인지 저에게 말해주실 수 있겠습니까?

Fiţi amabil, puteţi să-mi spuneţi cât e ceasul?
피치 아마빌 푸테치 서미 스푸네치 크트 예 체아술

한 시입니다.

E ora unu.
예 오라 우누

세 시 정각입니다.

E ora trei fix.
예 오라 트레이 픽스

네 시 오 분입니다.

E patru şi cinci (minute).
예 파트루 쉬 친치 (미누테)

다섯 시 십 오 분입니다.

E ora cinci şi un sfert.
예 오라 친치 쉬 운 스페르트

여섯 시 반입니다.

E (ora) şase şi jumătate.
예 (오라) 샤세 쉬 주머타테

여덟 시 십분 전입니다.

E (ora) opt fără zece (minute).
예 (오라) 옵트 퍼러 제체 (미누테)

루마니아어 수업은 몇 시에 시작합니까?

La ce oră începe cursul de limba română?
라 체 오러 은체페 쿠르술 데 림바 로므너

아홉 시에.

La ora nouă.
라 오라 노우어

정오 경에.

Spre prânz.
스프레 프른즈

오후 다섯 시에.

După-masă la cinci.
두 퍼 마서 라 친치

다섯 시부터 여섯 시 사이에.

Între cinci şi şase.
은트레 친치 쉬 샤세

네 시부터 다섯시까지.

De la patru la cinci.
데 라 파트루 라 친치

삼십 분 후에.

Peste o jumătate de oră.
페스테 오 주머타테 데 오러

나중에(후에).

Mai târziu.
마이 트루지우

전에(더 일찍이).

Mai devreme.
마이 데브레메

아직 이르다.

Încă e devreme.
은커 예 데브레메

너무 늦다.

E prea târziu.
예 프레아 트루지우

정각에(제 시간에)

Din timp.
딘 팀프

3. 낱말 풀이(Cuvinte)

orǎ
오러
f. 시간, 시

ceas
체아
n. 시, 시계

minut
미누트
n. 분

sfert
스페르트
n. 1/4(4분의1)

jumǎtate
주머타테
f. 1/2, 반

amiazǎ
아미아저
f. 정오

prânz
프른즈
n. 점심(식사)

masǎ
마서
f. 식사, 식탁

dimineaţa
디미네아차
아침에(아침마다)

înainte de masǎ
으나인테 데 마서
오전에(식전에)

ziua
지우아
낮에

la prânz 라 프른즈	정오에
după-amiază 두퍼 아미아저	오후에
seara 세아라	저녁에
la miezul nopţii 라 미에줄 놉치.	자정에
zilnic 질닉	매일
astăzi(azi) 아스터지(아지)	오늘
azi dimineaţă 아지 디미네아처	오늘 아침에
astă-seară 아스터 세아러	오늘 저녁에
astă-noapte 아스터 노압테	오늘 밤에
ieri(alaltăieri) 이에리(알랄터이에리)	어제(그제)
mâine(poimâine) 므이네(포이므이네)	내일(모레)
timp de două zile 팀프 데 도우어 질레	이틀 동안
de puţin timp 데 푸친 팀프	얼마 전에
acum o lună 아쿰 오 루너	한 달 전에

acum un an 아쿰 운 안	일 년 전에
săptămâna trecută 섭터므나 트레쿠터	지난주에
săptămâna viitoare 섭터므나 비토아레	다음 주에
de o săptămână 데 오 섭터므너	일 주일 전부터
recent 레첸트	최근
în curând 은 쿠른드	곧, 조만간

4. 문법(Gramatică)

1) 재귀동사의 수동적 용법(Reflexivul pasiv)

재귀동사의 용법 중에는 수동적인 기능을 지니고 있다.

예:

수업은 4시 반에 끝난다.
Cursul se termină la ora patru şi jumătate.
= Cursul este terminat ...

회의는 오는 금요일에 개최된다.
Conferinţa se va ţine vinerea viitoare.
= Conferinţa va fi ţinută ...

여기선 단지 손목 시계만 수선된다.
Aici se repară numai ceasuri de mână.
= Aici sunt reparate ...

2) 명사의 곡용(Declinarea substantivului)

① 부정관사와 함께 사용되는 경우:
단수 소유격 및 여격 형태는 복수 형태와 동일하다.

예:
여성 명사(F.): casă sg. 집 - case pl. 집들

	단수	복수
1. 주격	o casă	nişte case
2. 소유격	unei case	unor case
3. 여격	unei case	unor case
4. 목적격	o casă	nişte case

② 정관사와 함께 사용되는 경우:
단수 소유격 및 여격 형태는 복수형 + i 형태이다.

예:
여성 명사(F.): casă sg. - case pl.

	단수	복수
1. 주격	casa	casele
2. 소유격	casei	caselor
3. 여격	casei	caselor
4. 목적격	casa	casele

제 14 과 달력(Calendarul)

1. 대화(Dialog)

Profesorul Ionescu : Ce zi este astăzi?
프로페소룰 이오네스쿠 체 지 예스테 아스터지

Studentul Kim : Astăzi este joi.
스투덴툴 김 아스터지 예스테 조이

Profesorul Ionescu : În câte suntem astăzi?
은 크테 순템 아스터지

Studentul Kim : Astăzi suntem în 24.
아스터지 순템 은 도우어제치 쉬 파트루

Profesorul Ionescu : Ce dată este astăzi?
체 다터 예스테 아스터지

Studentul Kim : Astăzi este joi, 24 octombrie,
아스터지 예스테 조이 도우어제치 쉬 파트루 옥톰부리에

1999.
오 미에 노우어 수테 노우어제치 쉬 노우어

Profesorul Ionescu : Ce dată este poimâine?
체 다터 예스테 포이므이네

Studentul Kim : Poimâine este sâmbătă, 26 octombrie,
포이므니네 예스테 슴버터 도우어제치 쉬 샤세 옥톰브리에

1999.
오 미에 노우어 수테 노우어제치 쉬 노우어

Profesorul Ionescu : Când cade(este) 27 octombrie?
큰드 카데(예스테) 도우어제치 쉬 샵테 옥톰브리에

Studentul Kim : 27 octombrie cade(este) duminică.
도우어제치 쉬 샵테 옥톰브리에 카데(예스테) 두미니커

Profesorul Ionescu : De obicei, când vine primăvara în
데 오비체이 큰드 비네 프리머바라 은

Coreea?
코레아

Studentul Kim : În Coreea primăvara vine pe la începutul
은 코레아 프리머바라 비네 펠 라 은체푸툴

lunii aprilie.
루니 아프릴리에

Profesorul Ionescu : Câte anotimpuri sunt în Coreea?
크테 아노팀푸리 순트 은 코레아

Studentul Kim : În Coreea sunt patru anotimpuri ca şi în
은 코레아 순트 파트루 아노팀푸리 카 쉬 은

România, adică primăvara, vara, toamna şi iarna.
로므니아 아디커 프리머바라 바라 토암너 쉬 이아르나

이오네스쿠 교수 : 오늘은 무슨 요일입니까?

대학생 김 : 오늘은 목요일입니다.

이오네스쿠 : 오늘은 며칠입니까?

김 : 오늘은 24 일입니다.

이오네스쿠 : 오늘 날짜가 어떻게 됩니까?

김 : 오늘은 1999년 10월 24일 목요일입니다.

이오네스쿠 : 모레 날짜가 어떻게 됩니까?

김 : 모레는 1999년 10월 26일 토요일입니다.

이오네스쿠 : 10월 27일은 무슨 요일입니까?

김 : 10월 27일은 일요일입니다.

이오네스쿠 : 보통 한국에는 언제 봄이 옵니까?

김 : 한국에는 봄이 4월 초순경에 옵니다.

이오네스쿠 : 한국에는 몇 계절이 있습니까?

김 : 한국에는 루마니아에서와 같이 봄, 여름, 가을 그리고 겨울 4 계절이 있습니다.

2. 유용한 표현(Expresiile uzuale)

오늘 날짜가 어떻게 됩니까?

Ce dată e(ste) astăzi?
체 다터 예(스테) 아스터지

Ce dată avem astăzi?
체 다터 아벰 아스터지

În ce dată suntem astăzi?
은 체 다터 순템 아스터지

오늘은 1997년 3월 5일입니다.

Astăzi e cinci martie o mie nouă sute nouăzeci şi şapte.
아스터지 예 친치 마르티에 오 미에 노우어 수테 노우어제치 쉬 샵테

Astăzi suntem în cinci martie o mie nouă sute nouăzeci şi şapte.
아스터지 순템 은 친치 마르티에 오 미에 노우어 수테 노우어제치 쉬 샵테

오늘은 며칠입니까?

În câte suntem astăzi?
은 크테 순템 아스터지

오늘은 2일입니다.

Astăzi e în doi.
아스터지 예 은 도이

2월 1일(초하루)입니다.

Întâi februarie.
은트이 페브루아리에

오늘은 무슨 요일입니까?

Ce zi e astăzi?
체 지 예 아스터지

오늘은 월요일입니다.

Astăzi e luni.
아스터지 예 루니

3월 2일은 무슨 요일입니까?

Când cade(este) 2 martie?
큰드 카데(예스테) 도우어 마르티에

우리는 언제 출발합니까?

Când plecăm?
큰드 플레컴

이번 달 3일에.

La trei al lunii curente.
라 트레이 알 루니 쿠렌테

다음 달 1일에(초하루에).

La întâi al lunii viitoare.
라 은트이 알 루니 비토아레

금년 7월 4일에.

La patru iulie anul acesta.
라 파트루 이울리에 아눌 아체스타

언제부터 여기에 계십니까(여기 오신지 얼마나 됩니까)?

De când sunteţi aici?
데 큰드 순테치 아이치

저는 1997년 (9월)부터 여기에 머물고 있습니다.

Sunt aici din (septembrie) 1997.
순트 아이치 딘 (셉템브리에) 오 미에 노우어 수테 노우어 제치 쉬 샵테

저는 9월 1일부터 이곳에 있습니다.
Sunt aici de la întâi septembrie.
순트 아이치 델 라 은트이 셉템브리에

저는 2년(2달, 2주일, 2일)전부터 여기에 있습니다.
Sunt aici de doi ani(două luni, două săptămâni, două zile).
순트 아이치 데 도이 아니(도우어 루니, 도우어 섭터므니, 도우어 질레)

당신은 몇 월에 이곳에 오셨습니까?

În ce lună aţi venit aici?
은 체 루너 아치 베니트 아이치

저는 8 월에 이곳으로 왔습니다.

Am venit aici în august.
암 베니트 아이치 은 아우구스트

1 월초에.

La începutul lunii ianuarie.
라 은체푸툴 루니 이아누아리에

2 월 중순에.

La mijlocul lunii februarie.
라 미즈로쿨 루니 페브루아리에

3 월말에.

La sfârşitul lunii martie.
라 스프르쉬툴 루니 마르티에

3. 낱말 풀이(Cuvinte)

calendar
칼렌다르
n. 달력

dată
다터
f. 날짜

lună
루너
f. 월, 달

anotimp
아노팀프
n. 계절

astăzi
아스터지
adv. 오늘

mâine
므이네
adv. 내일

poimâine
포이므이네
adv. 모레

ieri
이에리
adv. 어제

alaltăieri
알랄터이에리
adv. 그제

luni
루니
f. 월요일

marţi
마르치
f. 화요일

miercuri
미에르쿠리
f. 수요일

joi
조이
f. 목요일

vineri 비네리	f. 금요일
sâmbătă 슴버터	f. 토요일
duminică 두미니커	f. 일요일
ianuarie 이아누아리에	m. 1 월
februarie 페브루아리에	m. 2 월
martie 마르티에	m. 3월
aprilie 아프릴리에	m. 4월
mai 마이	m. 5월
iunie 이우니에	m. 6월
iulie 이울리에	m. 7월
august 아우구스트	m. 8월
septembrie 셉템브리에	m. 9월
octombrie 옥톰브리에	m. 10월
noiembrie 노이엠브리에	m. 11월

decembrie
데쳄브리에
m. 12월

primăvară
프리머바러
f. 봄

vară
바러
f. 여름

toamnă
토암너
f. 가을

iarnă f.
이아르너
겨울

de obicei
데 오비체이
보통, 대개

4. 문 법(Gramatică)

1)의문대명사및 형용사(Pronumele şi adjectivul interogativ):

cât

<table>
<tr><th colspan="2" rowspan="2">수
격</th><th colspan="3">단수</th><th colspan="3">복수</th></tr>
<tr><th>남성</th><th>중성</th><th>여성</th><th>남성</th><th>중성</th><th>여성</th></tr>
<tr><td rowspan="2">주격
목적격</td><td>대명사</td><td colspan="3">cât</td><td rowspan="2">câţi</td><td colspan="2" rowspan="2">câte</td></tr>
<tr><td>형용사</td><td colspan="2">cât</td><td>câtă</td></tr>
<tr><td rowspan="2">소유격
여격</td><td>대명사</td><td colspan="3" rowspan="2">–</td><td colspan="3">câtora</td></tr>
<tr><td>형용사</td><td colspan="3">câtor</td></tr>
</table>

예:

Cât costă biletul?
Cât zahăr aţi cumpărat?
Câtă miere ai recoltat?
Câţi oameni au venit?
Câte (vederi) ai?
Câtor elevi(eleve) li s-au acordat premii?
Câtora li s-au acordat premii?

2) 동사의 활용(Conjugarea verbelor)

직설법 현재(Modul indicativ, timpul prezent)

a cădea vi. 떨어지다	a veni vi. 오다
1. cad	vin
2. cazi	vii
3. cade	vine
4. cădem	venim
5. cădeţi	veniţi
6. cad	vin

a opri vi. 멈추다, 서다	a coborî vi. 내리다, 내려오다
1. opresc	cobor
2. opreşti	cobori
3. opreşte	coboară
4. oprim	coborâm
5. opriţi	coborâţi
6. opresc	coboară

제 2 장(Partea a doua)

주제별 회화(Expresiile temelor de conversaţie)

제 1 과 세관에서(La vamă)

1. 대화(Dialog)

Vameşul : Bună ziua, domnule. Aveţi ceva de declarat?
바메슐 부너 지우아 돔눌레 아베치 체바 데 데클라라트

Domnul Kim : Da, am o cameră video de filmare şi un
돔눌 김 다 암 오 카메러 비데오 데 필마레 쉬 운

radiocasetofon.
라디오카세토폰

Vameşul : Atunci, trebuie să completaţi o declaraţie vamală.
아툰치 트레부이에 서 콤플레타치 오 데클라라치에 바말러

Domnul Kim : Ce trebuie să scriu în declaraţia vamală?
체 트레부이에 서 스크리우 은 데클라라치아 바말러

Vameşul : Trebuie să scrieţi numele dumneavoastră, seria şi
트레부이에 서 스크리에치 누멜레 둠네아보아스트러 세리아 쉬

numărul camerei de filmare şi al radiocasetofonului.
누머룰 카메레이 데 필마레 쉬 알 라디오카세토포눌루이

Domnul Kim : Ce trebuie să fac cu declaraţia vamală?
체 트레부이에 서 팍 쿠 데클라라치아 바말러

Vameşul : Trebuie să o păstraţi cu grijă, iar când plecaţi
트레부이에 서 오 퍼스트라치 쿠 그리저 이아르 큰드 플레카치

din România o depuneţi la biroul vămii.
딘 로므니아 오 데푸네치 라 비로울 버미

Domnul Kim : Trebuie să plătesc o taxă vamală?
트레부이에 서 플러테스크 오 탁서 바말러

Vameşul : Nu trebuie să plătiţi nici o taxă, deoarece sunt
누 트레부이에 서 플러티치 니치 오 탁서 데오아레체 순트

obiecte de uz personal. Este de ajuns să le
오비엑테 데 우즈 페르소날 예스테 데 아준스 설 레

înregistraţi la vamă.
은레지스트라치 라 바머

세관원 : 안녕하십니까? 신사분! 신고할 것(과세품)이 있습니까?

김씨 : 예, 캠코더 한 대와 카세트플레이어 한 대를 가지고 있습니다

세관원 : 그러시면 신고 양식에 기입하셔야 되겠습니다.

김씨 : 신고 양식에 무엇을 써야 합니까?

세관원 : 성함과 캠코더 및 카세트플레이어의 유형과 번호를 쓰셔야 합니다.

김씨 : 신고서를 어떻게 해야 합니까?

세관원 : 잘 보관하고 계시다 루마니아를 떠나실 때에 세관에 제출하시면 됩니다.

김씨 : 관세를 물어야 합니까?

세관원 : 개인용품이기 때문에 관세는 전혀 무실 필요가 없습니다. 신고만 하시면 됩니다.

2. 유용한 표현(Expresiile uzuale)

통관 수속은 어디서 합니까?

Unde are loc vămuirea?
운데 아레 록 버무이레아

여권을 주십시오.

Paşaportul, vă rog.
파샤포르툴 버 록

여권 여기 있습니다.

Poftiţi paşaportul.
포프티치 파샤포르툴

어디에서 오셨습니까?

De unde aţi venit?
데 운데 아치 베니치

신고할 물건이 있습니까?

Aveţi ceva de declarat?
아베치 체바 데 데쿨라라트

과세할 물품을 가지고 있습니까?

Aveţi ceva de vămuit?
아베치 체바 데 버무이트

나는 신고할 물건이 전혀 없습니다.

Nu am nimic de declarat.
누 암 니믹 데 데클라라트

무엇 좀 사셨습니까?

Aţi cumpărat ceva?
아치 쿰퍼라트 체바

이 가방 속엔 무엇이 있습니까?

Ce-i în geamantanul acesta?
체이 은 제아만타눌 아체스타

이것은 선물입니다.

Este un cadou.
예스테 운 카도우

이것은 기념품입니다.

E un suvenir din călătorie.
예 운 수베니르 딘 컬러토리에

짐이 더 있습니까?

Mai aveţi bagaje?
마이 아베치 바가제

나는 내 개인용 물건들만 가지고 있습니다.

N-am (nimic) decât lucruri de uz personal.
남 (니믹) 데크트 루크루리 데 우즈 페르소날

나는 담배 한 보루와 위스키 한 병을 가지고 있습니다.

Am un cartuş de ţigări şi o sticlă de wisky.
암 운 카르투슈 데 치거리 쉬 오 스티클러 데 위스키

이 가방을 열어 주십시오.

Vă rog să deschdeţi acest sac.
버 록 서 데스키데치 아체스트 삭

이 물건은 관세를 물으셔야 합니다.

Trebuie să plătiţi vamă pentru aceast obiect.
트레부이에 서 플러티치 바머 펜트루 아체아스트 오비엑트

얼마를 지불해야 합니까?

Cât am de plătit?
크트 암 데 플러티트

가방을 닫으셔도 됩니다.

Puteţi închide geamantanul.
푸테치 은키데 제아만타눌

루마니아에 얼마 동안 머무르십니까?

Cât timp staţi în România?
크트 팀프 스타치 은 로므니아

나는 며칠 루마니아에 머무를 예정입니다.

O să stau câteva zile în Romania.
오 서 스타우 크테바 질레 은 로마니아

나는 사업차 이곳에 왔습니다.

Am venit în interes de serviciu.
암 베니트 은 인테레스 데 세르비치우

나는 관광하러 왔습니다.

Am venit ca turist.
암 베니트 카 투리스트

좋습니다. 모든 것이 정상적입니다.

Bine. Totul e în regulă.
비네 토툴 예 은 레굴러

미안합니다만, 이해를 못하겠습니다.

Regret, nu înţeleg.
레그레트, 누 은첼레그

여기 영어를 할 줄 아는 사람 없습니까?

Vorbeşte cineva engleza aici?
보르베슈테 치네바 엥글레자 아이치

나는 규정을 잘 모르겠습니다.

Nu cunosc dispoziţiile.
누 쿠노스크 디스포지칠레

저희 영사관에 연락을 취했으면 합니다.

Vreau să iau legătura cu consulatul meu.
브레아우 서 야우 레거투라 쿠 콘술라툴 메우

3. 낱말 풀이(Cuvinte)

vămuire　f. 통관
버무이레

vamă　f. 세관
바머

la vamă　세관에서
라 바머

bunuri de declarat　신고할 품목
부누리 데 데클라라트

declaraţie vamală　세관 신고
데클라라치에 바말러

supus vămii　관세의 의무가 있는
수푸스 버미

vamă de export　수출 관세
바머 데 엑스포르트

vamă de import　수입 관세
바머 데 임포르트

nume de familie　성
누메 데 파밀리에

prenume　n. 이름
프로누메

data naşterii　생년월일
다타 나슈테리

locul naşterii　출생지
로쿨 나슈테리

stare civilă　가족사항
스타레 치빌러

profesie　f. 직업
프로페시에

cetăţenie f. 시민권
체터체니에

domiciliu n. 거주지
도미칠리우

4. 문법(Gramatică)

1) 소유(대명사적)관사(Articol genitival - posesiv):
소유 관사는 소유 형용사 앞에 위치하여 소유 대명사의 기능을 가지며, 사물의 성과 수에 따라 다음과 같이 형태 변화를 한다.

성	수	소유 관사
남성	단수	al
	복수	ai
여성	단수	a
	복수	ale

소유 관사의 용법:

① 소유 대명사:
예: Maşina este a mea. 이 차는 내 것이다.

② 소유물이 한정적으로 사용되지 않았을 경우, 즉 소유물에 정관사가 붙어 있지 않을 경우:
예: prietenul meu - un prieten al meu 나의 친구

③ 소유물과 소유자 사이에 다른 수식어가 있을 경우:
예: prietenul acesta al meu 나의 바로 이 친구

④ ②+③이 복합적인 경우:

예: într-o montare nouă a unui tânăr regizor
한 젊은 감독에 의해 새로 연출된

2) 동사상 명사(Modul supin)

동사상 명사는 전치사 + 동사의 과거분사로 구성된다.

동사상 명사의 용법:

① 명사 + 동사상 명사

예: maşină de scris 타자기
maşină de spălat 세탁기
fier de călcat 다리미

② 형용사(부사) + 동사상 명사

예: greu de reparat 수선하기 어려운
uşor de tradus 번역하기 쉬운

③ 동사 + 동사상 명사

예: Am de făcut. 나는 할 일이 있다.
N-am nimic de făcut. 나는 할 일이 없다.
Ce este de făcut? 해야할 일이 무엇이냐?

④ 이유를 나타내는 분사구문

예: De fumat, mă doare capul.
담배를 피워서 머리가 아프다.

⑤ 부사구

예: pe neaşteptate 예기치 않게
pe nemâncate 식사도 않고
pe nepregătite 준비도 없이

제 2 과 호텔에서(La hotel)

1. 대화(Dialog)

Recepţionerul : Bună ziua, domnule şi bine aţi venit în hotelul
레첩치오네룰 부너 지우아 돔눌레 쉬 비네 아치 베니트 은 호테룰

nostru.
노스트루

Domnul Yi : Bună ziua. Sunt profesorul Yi din Coreea şi am
돔눌 이 부너 지우아 순트 프로페소룰 이 딘 코레아 쉬 암

rezervat o cameră.
레제르바트 오 카메러

Recepţionerul : Aţi făcut rezervarea de mult timp?
아치 퍼쿠트 레제르바레아 데 물트 팀프

Domnul Yi : Am rezervat o cameră la acest hotel acum
암 레제르바트 오 카메러 라 아체스트 호텔 아쿰

o lună.
오 루너

Recepţionerul : Un moment, să verific. Da, într-adevăr, aşa
운 모멘트 서 베리픽 다 은트라데버르 아샤

este. Doriţi o cameră cu un pat sau cu două
예스테 도리치 오 카메러 쿠 운 파트 사우 쿠 도우어

paturi?
파투리

Domnul Yi : Aş dori o cameră cu două paturi, deoarece
아슈 도리 오 카메러 쿠 도우어 파투리 데오아레체

peste câteva zile va veni şi soţia mea.
페스테 크테바 질레 바 베니 쉬 소치아 메아

Recepţionerul : Prea bine. Doriţi o cameră la etaj sau la
프레아 비네 도리치 오 카메러 라 에타지 사우 라

parter?
파르테르

Domnul Yi : Vreau o cameră la etaj, cu vedere spre centrul
브레아우 오 카메러 라 에타지 쿠 베데레 스프레 첸트룰

oraşului.
오라슐루이

Recepţionerul : Vă putem da camera 503 de la etajul al
버 푸템 다 카메라 친치 수테 트레이 데 라 에타줄 알

cincilea. Acestea sunt cheile de la camera
친칠레아 아체스테아 순트 케일레 데 라 카메라

dumneavoastră.
둠네아보아스트러

Domnul Yi : Mulţumesc. Aş mai dori să fiu trezit în fiecare
물추메스크 아슈 마이 도리 서 피우 트레지트 은 피에카레

dimineaţă la ora şapte şi să iau micul dejun în
디미네아처 라 오라 샤프테 쉬 서 이아우 미쿨 데준 은

cameră.
카메러

Recepţionerul : Desigur. Vă dorim şedere plăcută.
데시구르 버 도림 셰데레 플러쿠터

접수부 직원 : 안녕하십니까? 신사분! 저희 호텔에 잘 오셨습니다.

이씨 : 안녕하십니까? 한국에서 온 이 교수라고 합니다. 방을 하나 예약했었는데요.

직원 : 오래 전에 예약하셨습니까?

이씨 : 한 달 전에 이 호텔에 방을 하나 예약했는데요.

직원 : 잠시만요, 확인해봐야겠습니다. 예, 그렇군요. 1인용 침대를 원하십니까? 2인용 침대를 원하십니까?

이씨 : 2인용 침대가 있는 방 하나를 원합니다. 왜냐하면 며칠 후에 제 처가 이리로 오기 때문입니다.

직원 : 좋습니다. 위층을 원하십니까? 1층을 원하십니까?

이씨 : 위층에 있는, 도심이 보이는 방을 원합니다.

직원 : 5층의 503호 방을 드릴 수 있습니다. 여기 방 열쇠가 있습니다.

이씨 : 감사합니다. 매일 아침 7시에 깨워주시고 아침 식사는 방으로 갖다 주세요.

직원 : 물론이죠. 유쾌한 체류가 되시기를 기원합니다.

2. 유용한 표현(Expresiile uzuale)

① 체크 인

나의 이름은 ~입니다.

mă numesc ~
머 누메스크

나는 예약을 했습니다.

am o rezervare
암 오 레제르바레

빈 객실이 있습니까?

Aveţi camere libere?
아베치 카메레 리베레

나는 더블 침대가 있는 방을 원합니다.

Aş vrea o cameră cu un pat.
아슈 브레아 오 카메러 쿠 운 파트

침대를 하나 더 갖다 주실 수 있습니까?

Puteţi pune încă un pat în cameră?
푸테치 푸네 은커 운 파트 은 카메러

하루에 얼마입니까?

Cât costă pe zi?
크트 코스터 페 지

아침이 포함됩니까?

Asta include şi micul dejun?
아스타 인클루데 쉬 미쿨 데준

어린이는 할인이 됩니까?

Faceţi reduceri de tarif pentru copii?
파체치 레두체리 데 타리프 펜투르 코피이

아기도 요금을 지불합니까?

Se plăteşte pentru copiii mici?
세 프러테슈테 펜트루 코피이 미치

너무 비싸군요

Este prea scump.
예스테 프레아 스쿰프

더 싼 방은 없습니까?

Aveţi ceva mai ieftin?
아베치 체바 마이 이에프틴

얼마나 머무르실 겁니까?

Cât doriţi să staţi?
크트 도리치 서 스타치

우리는 하루만 머무를 것입니다.

O să stăm numai o noapte.
오 서 스텀 누마이 오 노압테

방을 보여주시겠습니까?

Pot să văd camera, vă rog?
포트 서 버드 카메라 버 록

좋습니다. 이 방으로 하죠.

Este bine, o iau.
예스테 비네 오 이아우

이 양식에 기입해 주시기 바랍니다.

Completaţi acest formular.
콤플레타치 아체스트 포물라르

여기다 사인을 하십시오.

Semnaţi în locul acesta.
셈나치 은 로쿨 아체스타

② 룸 서비스

아침 여섯 시에 깨워주십시오.

Puteţi să mă sculaţi la ora 6, vă rog?
푸테치 서 머 스쿨라치 라 오라 샤세 버 록

아침은 언제 제공됩니까?

Când se serveşte micul dejun?
큰드 세 세르베슈테 미쿨 데준

아침을 방으로 가져다주실 수 있겠습니까?

Putem avea micul dejun în cameră, vă rog?
푸템 아베아 미쿨 데준 은 카메러 버 록

목욕 수건 좀 있습니까?

Aveţi un prosop de baie?
아베치 운 프로솝 데 바이에

제게 온 메세지가 있습니까?

Am vreun mesaj?
암 브레운 메사지

난방이 안됩니다.

Nu funcţionează încălzirea.
누 풍치오네아저 은컬지레아

세면대가 막혔습니다.

Chiuveta este înfundată.
치우베타 예스테 은푼다터

전구가 나갔습니다.

Becul s-a ars.
베쿨 사 아르스

이것을 좀 고쳐주실 수 있겠습니까?

Îl puteţi de la reparat?
을 푼테치 데 라 레파라트

③ 체크 아웃

요금 계산서를 주시겠습니까?

Nota de plată, vă rog?
노타 데 플라터 버 록

나는 내일 아침에 떠날 겁니다.

Plec mâine dimineaţă.
플렉 므이네 디미네아처

우리는 정오쯤에 체크 아웃할 겁니다.

O să părăsim hotelul în jurul orei douăsprezece.
오 서 퍼러심 호텔룰 은 주룰 오레이 도우어스프레제체

전부 포함된 요금입니까?

Este totul inclus?
예스테 토툴 인클루스

신용카드를 사용할 수 있습니까?

Pot plăti cu cartea de credit?
포트 플러티 쿠 카르테아 데 크레디트

계산서가 잘못된 것 같습니다.

Cred că este o greşeală în nota de plată.
크레드 커 예스테 오 그레셔알러 은 노타 데 플라터

짐을 로비로 가져다주시겠습니까?

Puteţi să ne aduceţi bagajul în hol, vă rog?
푸테치 서 네 아두체치 바가줄 은 홀 버 록

택시를 불러주시겠습니까?

Ne puteţi comanda un taxi?
네 푸테치 코만다 운 탁시

잘 지내다 갑니다.

Am avut un sejur minunat.
암 아부트 운 세주르 미누나트

3. 낱말 풀이(Cuvinte)

un pat 운 파트	싱글 침대
pat dublu 파트 두불루	더블 침대
două paturi 도우어 파투리	트윈 침대
baie 바이에	f. 욕실
duş 두슈	n. 샤워
serviciu de spălătorie 세르비치우 데 스펄러토리에	세탁서비스
toaletă individuală 토알레터 인디비두알러	별도의 화장실
apă caldă 아퍼 칼더	더운 물
piscină 피스치너	f. 수영장
o zi 오 지	하루
două zile 도우어 질레	이틀
o săptămână 오 섭터므너	일주일
fără mese 퍼러 메세	식사를 제외하고

micul dejun 미쿨 데준	아침
prânzul 프른줄	점심
cina 치나	저녁
pernă 페르너	f. 베개
săpun 서푼	n. 비누
pătură 퍼투러	f. 담요
sala de mese 살라 데 메세	식당
ieşirea de incediu 이에쉬레아 데 인체디우	비상구
lift 리프트	n. 엘리베이터
aerul condiţionat 아에룰 콘디치오나트	에어콘
buton 부톤	m. 스위치
valet 발레트	m. 호텔보이
cameristă 카메리스터	f. 방 청소부
director 디렉토르	m. 매니저

portar 포르타르	m. 짐군
recepţionist 레쳅치오니스트	m. 접수부(프론트 데스크) 직원
telefonistă 텔레포니스터	f. 교환수
chelner 켈네르	m. 남자 웨이터
chelneriţă 켈네리처	f. 여자 웨이터

4. 문법(Gramatică)

1) 조건 - 기원법(Modul condiţional - optativ)

① 루마니아어의 조건-기원법의 현재 시제는 조동사(aş, ai, ar, am, aţi, ar) + 본동사의 부정형(원형)으로 나타낸다.

예: (Eu) aş merge.
(Tu) ai merge.
(El/Ea) ar merge.
(Noi) am merge.
(Voi) aţi merge.
(Ei/Ele) ar merge.

② 조건절에는 접속사 dacă(만일 ~이라면)가 사용된다.

예: Aş merge în excursie, dacă ar fi timp frumos.
만일 날씨가 좋으면 나는 소풍을 갈 것이다.

③ 조건-기원법은 주어의 완곡하고 겸손한 표현을 나타낸다.

예: 일반적 표현: (Eu) vreau să merg acum.
정중한 표현: (Eu) aş vrea să merg acum.

2) 지시 대명사 및 형용사(Pronumele şi adjectivul demonstrativ)

① acesta 이 것/ acela 저 것

지시 형용사로 사용될 경우 명사 뒤에 위치할 수도 있고, 명사 앞에 올 수도 있다. 명사 앞에 올 경우엔 어미 -a 가 생략된 형태가 사용되며, 의미상엔 아무런 차이가 없다.

<table>
<tr><th>수 \ 성</th><th>남성</th><th>중성</th><th>여성</th></tr>
<tr><td rowspan="2">단수</td><td colspan="2">acest(a)</td><td>această
(aceasta)</td></tr>
<tr><td colspan="2">acel(a)</td><td>ace(e)a</td></tr>
<tr><td rowspan="2">복수</td><td>aceşti(a)</td><td colspan="2">aceste(a)</td></tr>
<tr><td>acei(a)</td><td colspan="2">acele(a)</td></tr>
</table>

예: 단수			복수	
acest băiat	이 소년	-	aceşti băieţi	이 소년들
această fată	이 소녀	-	aceste fete	이 소녀들
acel băiat	저 소년	-	acei băieţi	저 소년들
acea fată	저 소녀	-	acele fete	저 소녀들

băiatul acesta 이 소년 - băieţii aceştia 이 소년들
fata aceasta 이 소녀 - fetele acestea 이 서녀들
băiatul acela 저 소년 - băieţii aceia 저 소년들
fata aceea 저 소녀 - fetele acelea 저 소녀들

② 구어체형(Forme de limbă vorbită)

<table>
<tr><th>성 / 수</th><th>남성</th><th>중성</th><th>여성</th></tr>
<tr><td>단수</td><td colspan="2">ăsta</td><td>asta</td></tr>
<tr><td>복수</td><td>ăştia</td><td colspan="2">astea</td></tr>
</table>

예:

(Elevul) ăsta e bun. - (Elevii) ăştia sunt buni.
(Biletul) ăsta e ieftin. - (Biletele) astea sunt ieftine.
(Casa) asta e frumoasă. - (Casele) astea sunt frumoase.

제 3 과 레스토랑에서(La restaurant)

1. 대화(Dialog)

Domnul Popescu : Domnule Kim, mi-ar face plăcere să
돔눌 포페스쿠 돔눌레 김 미 아르 파체 플러체레 서

luăm masa împreună.
루엄 마사 음프레우너

Domnul Kim : Mulţumesc. Unde doriţi să mergem?
돔눌 김 물추메스크 운데 도리치 서 메르젬

Domnul Popescu : Aş vrea să vă invit la un restaurant cu
아슈 브레아 서 버 인비트 라 운 레스타우란트 쿠

specific românesc.
스페치픽 로므네스크

Domnul Kim : Restaurantul este departe?
레스타우란툴 예스테 데파르테

Domnul Popescu : Nu, este chiar peste drum. Traversăm
누 예스테 키아르 페스테 드룸 트라베르섬

bulevardul şi am ajuns la resturant.
불레바르둘 쉬 암 아준스 라 레스타우란트

Domnul Popescu şi domnul Kim intră în restaurant şi iau loc
포페스쿠 쉬 돔눌 김 인트러 은 레스타우란트 쉬 이아우 록

la o masă.
라 오 마서

Chelnerul : Bună ziua. Cu ce vă putem servi?
켈네룰 부너 지우아 쿠 체 버 푸템 세르비

Domnul Popescu : Am dori să luăm prânzul. Ce putem mânca?
암 도리 서 루엄 프른줄 체 푸템 믄카

Chelnerul : Avem multe feluri româneşti de mâncare: borş de
아벰 물테 펠루리 로므네슈티 데 믄카레 보르슈 데

perişoare, ciorbă de burtă, musaca de vinete, ardei
페리쇼아레 치오르버 데 부르터 무사카 데 비네테 아르데이

umpluţi, sărmăluţe în foi de viţă, brânză de burduf cu
움플루치 서르멀루체 은 포이 데 비처 브른저 데 부르두프 쿠

mămăliguţă, mititei.
머멀리구처 미티테이

Domnul Popescu : Domnule Kim vă propun să luăm ciorbă de
돔눌레 김 버 프로푼 서 루엄 치오르버 데

burtă şi sărmăluţe în foi de viţă.
부르터 쉬 서르멀루체 은 포이 데 비처

Domnul Kim : Foarte bine. Am auzit că sărmăluţele sunt
포아르테 비네 암 아우지트 커 서르멀루첼레 순트

foarte gustoase.
포아르테 구스토아세

Domnul Popescu : Aşa este. Sărmăluţele în foi de viţă sunt
아샤 예스테 서르멀루첼레 은 포이 데 비처 순트

mai gustoase decât cele în foi de varză.
마이 구스토아세 데크트 첼레 은 포이 데 바르저

Chelnerul : Doriţi şi un aperitiv?
도리치 쉬 운 아페리티브

Domnul Popescu : Da, am dori ca aperitiv caşcaval afumat,
다 암 도리 카 아페리티브 카슈카발 아푸마트

salam de Sibiu şi roşii.
살람 데 시비우 쉬 로쉬

Chelnerul : Ce doriţi să beţi?
체 도리치 서 베치

Domnul Popescu : Domnule Kim, de obicei la aperitiv românii
돔눌레 김 데 오비체이 라 아페리티브 로므니

beau ţuică de prune, iar apoi vin.
베아우 추이커 데 프루네 이아르 아포이 빈

Domnul Kim : De acord. Putem bea mai întâi ţuică şi apoi
데 아코르드 푸템 베아 마이 은트이 추이커 쉬 아포이

vin.
빈

Chelnerul : Ce vin doriţi? Avem multe soiuri de vin
체 빈 도리치 아벰 물테 소이우리 데 빈

românesc: tămâioasă românească, grasă de Cotnari,
로므네스크 터므이오아서 로므네아스커 그라서 데 코트나리

galbenă de Odobeşti.
갈베너 데 오도베슈티

Domnul Popescu : Aduceţi-ne o sticlă de tămâioasă
아두체치 네 오 스티클러 데 터므이오아서

românească.
로므네아스커

Domnul Kim : Este un vin bun?
예스테 운 빈 분

Domnul Popescu : Da, este un vin foarte bun, cu un gust
다 예스테 운 빈 포아르테 분 쿠 운 구스트

plăcut.
플러쿠트

포페스쿠씨 : 이 선생님, 식사를 함께 하면 좋겠는데요.

김씨 : 감사합니다. 어디로 가기를 원하십니까?

포페스쿠씨 : 당신을 루마니아 음식 전문 레스토랑으로 초대 하려고 합니다.

김씨 : 레스토랑이 멉니까?

포페스쿠씨 : 아닙니다. 바로 길 건너에 있습니다. 큰 길 만 건너면 바로 레스토랑에 다다릅니다.

포페스쿠씨와 이씨는 레스토랑 안으로 들어가서 한 테이블 곁에 자리를 잡습니다.

종업원 : 안녕하십니까? 무엇을 드시겠습니까?

포페스쿠씨 : 점심식사를 하려고 합니다. 무엇을 먹을 수 있습니까?

종업원 : 여러 종류의 루마니아 음식이 있습니다: 고기 단자, 소고기국, 가지 샐러드, 속을 채운 피만, 포도 잎으로 싼 단자, 옥수수 죽을 곁들인 치즈요리, 불고기류 등이 있습니다.

포페스쿠씨 : 이 선생님에게는 고기 국과 포도 잎으로 싼 단자를 권해 드리고 싶습니다.

이씨 : 좋습니다. 단자음식이 맛이 좋다고 들었습니다.

포페스쿠씨 : 예, 그렇습니다. 포도 잎으로 싼 것이 배추로 싼것보다 도 맛이 좋습니다.

종업원 : 전채도 원하십니까?

포페스쿠씨 : 예, 전채로는 훈제된 치즈류와 시비우산 살라미(소시지류)와 토마토를 원합니다.

종업원 : 음료수론 무엇을 원하십니까?

포페스쿠씨 : 이 선생님, 루마니아 사람들은 대개 전채와는 소주를 마시고 나중에 포도주를 들지요.

김씨 : 좋습니다. 우선 소주를 마시고 나서 포도주로 합시다.

종업원 : 어떤 포도주를 원하십니까? 저희 여러 종류의 루마니아 포도주를 보유하고 있습니다: 루마니아산 머스커텔, 코트나리산 농도가 짙은 것과 오도베슈티산 노란 포도주 등이 있습니다.

포페스쿠씨 : 루마니아 머스커텔 한 병을 가져오세요.

김씨 : 그 것이 좋은 포도주입니까?

포페스쿠씨 : 예, 맛도 괜찮은 좋은 포도주죠.

2. 유용한 표현(Expresiile uzuale)

여기 호텔에서 식사를 할 수 있습니까?

Se poate mânca aici în hotel?
세 포아테 믄카 아이치 은 호텔

이 근처에 (좋은) 식당이 있습니까?

E vreun restaurant (bun) prin apropiere?
예 브레운 레스타우란트 (분) 프린 아프로피에레

저에게 좋은 식당 하나만 추천해주실 수 있겠습니까?

Îmi puteţi recomanda un restaurant bun?
으미 푸테치 레코만다 운 레스타우란트 분

나는 4명의 좌석을 예약하고 싶습니다.

Doresc să rezerv o masă pentru patru persoane.
도레스크 서 레제르브 오 마서 펜트루 파트루 페르소아네

8시에 갈 겁니다.

O să venim la ora opt.
오 서 베님 라 오라 옵트

비흡연석으로 할 수 있습니까?

Putem avea o masă în zona de nefumători?
푸템 아베아 오 마서 은 조나 데 네푸머토리

무엇을 원하십니까?

Ce doriţi?
체 도리치

무엇을 마시겠습니까?

Ce doriţi să beţi?
체 도리치 서 베치

웨이터!

Chelner!
켈네르

메뉴 있습니까?

Aveţi un meniu fix?
아베치 운 메뉴 픽스

추천해주실 음식이 있습니까?

Ce ne recomandaţi?
체 네 레코만다치

오늘 무슨 음식이 있습니까?

Ce aveţi azi?
체 아베치 아지

냅킨 좀 주십시오.

Putem avea şerveţele, vă rog.
푸템 아베아 셰르베첼레 버 록

고기를 어떻게 익혀드릴까요?

Cum aţi dori să fie carnea?
쿰 아치 도리 서 피에 카르네아

잘 익혀주세요.

Bine friptă.
비네 프립터

약간만 익혀주세요.

Puţin friptă.
푸친 프립터

맛있게 드십시오!

Poftă bună!
포프터 부너

감사합니다, 당신도요!

Mulţumesc, asemenea!
물추메스크 아세메네아

어서 드십시오!

Serviţi!
세르비치

그쪽에 있는 소금좀 주시겠습니까?

Verţi să-mi daţi sarea de acolo?
브레치 서 미 다치 사레아 데 아콜로

이 음식은 아주 훌륭하군요!

Mâncarea aceasta e excelentă!
믄카레아 아체아스타 예 엑스첼렌터

이 음식의 이름은 무엇입니까?

Cum se numeşte această mâncare?
쿰 세 누메슈테 아체아스터 믄카레

이 음식이 맛있습니까?

Cum vă place această mâncare?
쿰 버 플라체 아체아스터 믄카레

여기 있는 것들 중에서 무엇 좀 더 드십시오!

Mai serviţi de aici!
마이 세르비치 데 아이치

조금만 더 (주십시오)!

Numai puţin!
누마이 푸친

그만 먹겠습니다.

Nu mai servesc.
누 마이 세르베스크

배가 부릅니다.

Ajunge.
아준제

고맙습니다. 더이상 먹을 수가 없습니다.

Mulţumesc, mi-e imposibil.
물추메스크 미 예 임포시빌

포도주를 좀 드릴까요?

Vă pot turna puţin vin?
버 포트 투르나 푸친 빈

당신의 건강을 위하여!

În sănătatea dumneavoastră!
은 서너타테아 둠네아보아스트러

행운을 빌며(건배)!

Noroc!
노록

3. 낱말 풀이(Cuvinte)

* 루마니아의 전통 음식

sarmale[사르말레] : 다진 고기(주로 돼지고기)에 쌀과 양파 등 을 넣고 양배추나 포도 잎 등으로 조그맣게 싸서 익힌 음식으로서, 주로 머멀리거와 함께 먹는다.
일명 sărmăluţele[서르멀루첼레] 라고도 한다.

mămăligă[머멀리거] : 옥수수 가루로 만든 죽 종류이다.
일명 mămăliguţă[머멀리구처] 라고도 한다.

mititei[미티테이] : 다진 고기에 갖은 양념을 섞어서 만들어 구운 음식이다.

ciorbă[치오르버] : 육류와 야채를 곁들인 일 종의 수프로서 재료에 따라 맛이 다양하며, 어떤 것은 우리 나라의 고깃국과 비슷한 맛이 난다.

caşcaval[카슈카발] : 대개 양의 우유로 정교하게 압축시켜 만든 치즈의 일종이다.

① 음식

friptură
프립투러 — f. 스테이크

salată verde
살라터 베르데 — 야채 샐러드

salată de roşii
살라터 데 로쉬 — 토마토 샐러드

legume
레구메 — f. 채소

pâine
프이네 — f. 빵

pâine prăjită 프이네 프러지터	토스트 빵
prăjituri 프러지투리	pl. 과자류
tort 토르트	n. 케익
ou 오우	n. 계란
un ou moale 운 오우 모알레	계란 반숙
un ou răscopt 운 오우 러스콥트	계란 완숙
un ochi la capac 운 오키 라 카팍	계란 프라이
şuncă 슌커	f. 햄
unt 운트	n. 버터
brânză 브른저	f. 치즈
miere 미에레	f. 꿀
marmeladă 마르멜라더	f. 잼
cafea 카페아	f. 커피
lapte 랍테	f. 우유

ceai
차이
n. 차

îngheţată
은게차터
f. 아이스크림

fruct
프룩트
n. 과일

② 조미료

piper
피페르
m. 후추

sare
사레
f. 소금

zahăr
자허르
n. 설탕

oţet
오체트
n. 식초

ulei
울레이
n. 식용유

ulei de măsline
울레이 데 머슬리네
올리브유

muştar
무슈타르
n. 겨자

maioneză
마이오네저
f. 마요네즈

③ 과일

banană 바나너	f. 바나나
căpşuni 커프슈니	pl. 딸기
cireşe 치레셰	pl. 체리
lămâie 러므이에	f. 레몬
mandarină 만다리너	f. 귤
măr 머르	n. 사과
nucă 누커	f. 호두
pară 파러	f. 배
pepene galben 페페네 갈벤	참외, 멜론
pepene roşu 페페네 로슈	수박
piersică 피에르시커	f. 복숭아
portocală 포르토칼러	f. 오렌지
prună 프루너	f. 서양오얏, 자두

struguri 스트루구리	pl. 포도

④ 채소

cartof 카르토프	m. 감자
vânătă 브너터	f. 가지
ceapă 체아퍼	f. 양파
praz 프라즈	m. 파
roşie 로셰	f. 토마토
morcov 모르코브	m. 당근
ardei 아르데이	m. 피만
ardei iute 아르데이 이우테	고추
usturoi 우스투로이	n. 마늘
castravete 카스트라베테	m. 오이
varză 바르저	f. 배추
ridiche 리디케	f. 무

fasole 파솔레	f. 콩
spanac 스파낙	n. 시금치

⑤ 주류 및 음료수

vin 빈	n. 포도주
rachiu n./ţuică 라큐 추이커	f. 브랜디, 소주
bere 베레	f. 맥주
apă minerală 아퍼 미네랄러	생수
sifon 시폰	n. 소다 음료수
suc de fructe 숙 데 프룩테	과일 쥬스

⑥ 식기류

tacâm 타큼	n. 서양수저 한 벌
lingură 린구러	f. 수저, 스푼
furculiţă 푸르쿨리처	f. 포크
cuţit 쿠치트	n. 나이프

şerveţel 셰르베첼	n. 냅킨
farfurie 파르푸리에	f. 접시
pahar 파하르	n. 컵
ceaşcă 체아슈커	f. 찻잔
sticlă 스티클러	f. 병
cană 카너	f. 주전자
blid 블리드	n. 주발
scrumieră 스크루미에러	f. 재떨이
scobitoare 스코비토아레	f. 요지

4. 문법(Gramatică)

1) 명령법(Modul imperativ)

① 2 인칭 단수 긍정 명령법(Singular afirmativ)
대부분의 루마니아어동사들이 2 인칭 단수 명령법에서 직설법 3 인칭 단수형태를 취한다.

예:

동사의 부정형	- 직설법 3 인칭 단수	- 2 인칭 단수 명령법
a intra(들어오다)	- El/Ea intră.	- Intră!
a coborî(내려오다)	- El/Ea coboară.	- Coboară!
a aştepta(기다리다)	- El/Ea aşteaptă.	- Aşteaptă!
a spune(말하다)	- El/Ea spune.	- Spune!
a citi(읽다)	- El/Ea citeşte.	- Citeşte!

그러나 일부 동사들은 2 인칭 단수 명령법에서 직설법 2 인칭 단수 형태를 그대로 취한다.

예:

동사의 부정형	- 직설법 3 인칭 단수	- 2 인칭 단수 명령법
a merge(가다)	- Tu mergi.	- Mergi!
a vedea(보다)	- Tu vezi.	- Vezi!
a auzi(듣다)	- Tu auzi.	- Auzi!
a rămâne(머물다)	- Tu rămâi.	- Rămâi!
a trece(지나가다)	- Tu treci.	- Treci!

일부 동사들은 2 인칭 단수 명령법에서 특별한 형태를 취한다.

예:

동사의 부정형	- 2 인칭 단수 명령법
a fi(~이다)	- Fii!
a duce(이끌다)	- Du!
a veni(오다)	- Vino!
a face(~하다)	- Fă!
a zice(말하다)	- Zi!

2 인칭 단수 긍정 명령법에서 인칭 대명사 목적어와 재귀 대명사의 위치는 동사 뒤에 온다.

예:

Dă-mi cartea!	(그 책을 나에게 주오!)
Aşteaptă-mă aici!	(나를 여기서 기다려라!)
Du-te imediat!	(즉시 가라!)

② 2 인칭 단수 부정 명령법(Singular negativ)

2 인칭 단수 부정 명령법에선 모든 동사들이 Nu + 동사의 부정형(Infinitiv) 형태를 취한다.

예:

동사의 부정형	-	2 인칭 단수 명령법
a intra	-	Nu intra!
a aştepta	-	Nu aştepta!
a coborî	-	Nu coborî!
a veni	-	Nu veni!
a zice	-	Nu zice!

2 인칭 단수 부정 명령법에서 인칭 대명사 목적어와 재귀 대명사의 위치는 Nu 와 동사 사이에 온다.

예:

Nu mă aştepta!	(나를 기다리지 마라!)
Nu te duce!	(가지 마라!)
Nu-mi da cartea!	(그 책을 나에게 주지 마라!)

③ 2 인칭 복수 및 존칭 긍정 명령법(Plural afirmativ)

존칭 및 복수 명령법은 a fi 동사를 제외하곤 직설법 형태와 동일하다.

예:

동사의 부정형	-	직설법 현재	-	명령법
a lucra	-	Voi/Dv. lucraţi.	-	Lucraţi!
a scrie	-	Voi/Dv. scrieţi.	-	Scrieţi!
a merge	-	Voi/Dv. mergeţi.	-	Mergeţi!
a citi	-	Voi/Dv. citiţi.	-	Citiţi!

a fi 동사의 복수 및 존칭 명령법은 접속법 형태를 취한다.
예: (Voi) fiţi atenţi! (너희들 조심해라!)
(Dv.) fiţi atent! (조심하십시오!)

④ 2 인칭 복수 및 존칭 부정 명령법(Plural negativ)
존칭 및 복수 부정 명령법은 Nu + 직설법 형태를 취한다.

예:

동사의 부정형	-	직설법 현재	-	부정 명령법
a lucra	-	Voi/Dv. nu lucraţi.	-	Nu lucraţi!
a scrie	-	Voi/Dv. nu scrieţi.	-	Nu scrieţi!
a merge	-	Voi/Dv. nu mergeţi.	-	Nu mergeţi!
a citi	-	Voi/Dv. nu citiţi.	-	Nu citiţi!

2) 비 인칭 동사(Verbe impersonale)
비 인칭 동사의 활용은 3인칭 형태만 존재한다.

	a-i plăcea ceva	a-i trebui ceva
1.	Îmi place cartea.	Îmi trebuie cartea.
2.	Îţi place cartea.	Îţi trebuie cartea.
3.	Îi place cartea.	Îi trebuie cartea.
4.	Ne place cartea.	Ne trebuie cartea.
5.	Vă place cartea.	Vă trebuie cartea.
6.	Le place cartea.	Le trebuie cartea.

제 4 과 여행사에서(La agenţia de voiaj)

1. 대화(Dialog)

1-1

Domnul Yi : Bună ziua!
돔눌 이 부너 지우아

Funcţionarul : Bună ziua, domnule! Cu ce vă pot fi de folos?
풍치오나룰 부너 지우아 돔눌레 쿠 체 버 포트 피 데 폴로스

Domnul Yi : Aş dori să fac o excursie în Delta Dunării.
아슈 도리 서 팍 오 엑스쿠르시에 은 델타 두너리

Funcţionarul : Doriţi să staţi mai mult timp?
도리치 서 스타치 마이 물트 팀프

Domnul Yi : Vreau să stau o săptămână, dacă se poate.
브레아우 서 스타우 오 섭터므너 다커 세 포아테

Funcţionarul : Desigur. Vă putem oferi un sejur complet de
데시구르 버 푸템 오페리 운 세주르 콤플레트 데

şapte zile la hotelul Egreta din oraşul Tulcea.
샵테 질레 라 호텔룰 에그레타 딘 오라슐 툴체아

Domnul Yi : Este un hotel bun?
예스테 운 호텔 분

Funcţionarul : Da, este un hotel de categoria I sau de trei
다 예스테 운 호텔 데 카테고리아 우누 사우 데 트레이

stele, iar de la Tulcea puteţi face multe excursii cu
스텔레 이아르 데 라 툴체아 푸테치 파체 물테 엑스쿠르시 쿠

vaporul în Delta Dunării.
바포룰 은 델타 두너리

Domnul Yi : Cum pot ajunge la Tulcea?
쿰 포트 아준제 라 툴체아

Funcţionarul : Puteţi ajunge cu maşina, cu trenul sau cu
푸테치 아준제 쿠 마쉬나 쿠 트레눌 사우 쿠

avionul. Doriţi să închiriaţi o maşină?
아비오눌 도리치 서 은키리아치 오 마쉬너

Domnul Yi : Nu, prefer să merg cu trenul.
누 프레페르 서 메르그 쿠 트레눌

Funcţionarul : Foarte bine. Atunci puteţi cumpăra de aici şi
포아르테 비네 아툰치 푸테치 쿰퍼라 데 아이치 쉬

biletele de tren. Vă dorim vacanţă plăcută!
빌레텔레 데 트렌 버 도림 바칸처 플러쿠터

Domnul Yi : Mulţumesc foarte mult!
물추메스쿠 포아르테 물트

이씨 : 안녕하십니까?

직원 : 안녕하십니까? 신사분! 무엇을 도와드릴까요?

이씨 : 다뉴브 삼각주에 여행을 하고 싶은데요.

직원 : 오랫동안 머무시기를 원하십니까?

이씨 : 가능하다면 일 주일 머물려고 합니다.

직원 : 물론이죠. 툴체아시에 있는 에그레타 호텔에 일 주일간 머무실 수 있도록 해드리겠습니다.

이씨 : 좋은 호텔입니까?

직원 : 예, 일급 호텔이나 별 세 개 짜리 입니다. 그리고 툴체아에서 다뉴브 삼각주를 기선으로 관광을 하실 수 있습니다.

이씨 : 툴체아까지는 어떻게 갈 수 있습니까?

직원 : 자동차나 기차 및 비행기로 가실 수 있습니다. 승용차를 한 대 임대하시겠습니까?

이씨 : 아닙니다. 기차로 가는 것이 더 낫겠군요.

직원 : 좋습니다. 그러시면 여기에서 승차권을 구입 하실 수 있습니다. 즐거운 여행이 되시기를 기원합니다.

이씨 : 대단히 감사합니다.

1-2

Domnul Kim : Bună ziua, domnule. Aş dori câteva informaţii.
돔눌 김 부너 지우아 돔눌레 아슈 도리 크테바 인포르마치

Funcţionarul : Cu plăcere, domnule. Vă stau la dispoziţie.
풍치요나룰 쿠 플러체레 돔눌레 버 스타우 라 디스포지치에

Domnul Kim : Aş dori să ajung în nordul Moldovei cât mai repede.
아슈 도리 서 아중 은 노르둘 몰도베이 크트 마이 레페데

Funcţionarul : Puteţi lua avionul până la Suceava, iar de acolo puteţi călători cu trenul sau cu autobuzul.
푸테치 루아 아비오눌 프너 라 수체아바 이아르 데 아콜로 푸테치 컬러토리 쿠 트레눌 사우 쿠 아우토부줄

Domnul Kim : De unde pot lua avionul pentru Suceava?
데 운데 포트 루아 아비오눌 펜트루 수체아바

Funcţionarul : Puteţi lua avionul de la aeroportul Băneasa.
푸테치 루아 아비오눌 델 라 아에로포르툴 버네아사

Domnul Kim : Cât durează zborul până la Suceava?
크트 두레아저 즈보룰 프너 라 수체아바

Funcţionarul : Zborul durează aproximativ trei sferturi de
즈보룰 두레아저 아프록시마티브 트레이 스페르투리 데

oră. În fiecare săptămână sunt trei curse Tarom spre
오러 은 피에카레 섭터므너 순트 트레이 쿠르세 타롬 스프레

Suceava.
수체아바

Domnul Kim : De unde pot cumpăra biletul de avion?
데 운데 포트 쿰퍼러 빌레툴 데 아비온

Funcţionarul : Îl puteţi cumpăra de la agenţia de bilete
을 푸테치 쿰퍼러 델 라 아젠치아 데 빌레테

Tarom din Piaţa Romană.
타롬 딘 피아차 로마너

Domnul Kim : Cum ajung acolo?
쿰 아중 아콜로

Funcţionarul : Luaţi metroul până la staţia Piaţa Romană.
루아치 메트로울 프너 라 스타치아 피아차 로마너

im : Vă mulţumesc pentru informaţii.
버 물추메스크 펜트루 인포르마치

Funcţionarul : Cu multă plăcere.
쿠 물터 플러체레

김씨 : 안녕하십니까? 아가씨! 몇 가지만 물어보려고 합니다.

직원 : 예, 기꺼이. 신사분! 말씀하시죠.

김씨 : 가능한 빨리 몰도바 북부 지방에 갈려고 합니다.

직원 : 수체아바까지는 비행기로 가실 수가 있습니다. 그리고 거기서부터는 기차로나 버스로 여행하실 수 있습니다.

김씨 : 수체아바로 가는 비행기는 어디서 탈 수 있습니까?

직원 : 버네아사 공항에서 탑승하실 수 있습니다.

김씨 : 수체아바까지는 비행기로 얼마나 걸립니까?

직원 : 항공시간은 약 45분 걸립니다. 매주 토요일에는 수 체아바로 가는 타롬 항공사의 세 개 노선이 있습니다.

김씨 : 탑승권은 어디서 구입할 수가 있습니까?

직원 : 로마나 광장에 있는 타롬 여행사에서 구입하실 수 있습니다.

김씨 : 거기까지는 어떻게 가면 됩니까?

직원 : 로마나 광장까지는 지하철로 가시면 됩니다.

김씨 : 알려 주셔서 고맙습니다.

직원 : 천만에 말씀입니다.

2. 유용한 표현(Expresiile uzuale)

공항이 여기서 멉니까?

Aeroportul este departe?
아에로포르툴 예스테 데파르테

예, 공항은 시외에 있습니다.

Da, este în afara oraşului.
다 예스테 은 아파라 오라슐루이

시내에서 공항까지 버스가 있습니까?

Este un autobuz din oraş până la aeroport?
예스테 운 아우토부즈 딘 오라슈 프너 라 아에로포르트

몇시에 여기서 공항가는 버스가 떠납니까?

La ce oră pleacă autobuzul de aici la aeroport?
라 체 오러 플레아커 아우토부줄 데 아이치 라 아에로포르트

부쿠레슈티까지 편도 항공요금은 얼마입니까?

Cât costă un zbor simplu la Bucureşti?
크트 코스터 운 즈보르 심플루 라 부쿠레슈티

티미쇼아라까지 왕복 항공요금은 얼마입니까?

Cât costă zborul dus-întors la Timişoara?
크트 코스터 즈보룰 두스 은토르스 라 티미쇼아라

공항에 몇 시까지 도착해야 합니까?

Când trebuie să fiu la aerport?
큰드 트레부이에 서 피우 라 아에로포르트

이륙하기 한 시간 전까지요.

Cu o oră înainte de decolare.
쿠 오 오러 으나인테 데 데콜라레

가방은 몇 개나 가지고 탈 수 있습니까?

Cât bagaj se poate lua la avion?
크트 바가지 세 포아테 루아 라 아비온

짐은 몇 킬로그램까지 가능합니까?

Câte kg de bagaj se pot lua gratuit?
크테 킬로그람 데 바가지 세 포트 루아 그라투이트

콘스탄차까지 가는 비행기 있습니까?

Există un zbor pentru Constanţa?
엑지스터 운 즈보르 펜트루 콘스탄차

직항로 입니까?

Este direct?
예스테 디렉트

런던으로 가는 다음 비행기는 언제 있습니까?

La ce oră este următorul zbor pentru Londra.
라 체 오러 예스테 우르머토룰 즈보르 펜트루 론드라

나는 클루지로 가는 비행기표를 예약하고 싶습니다.

Aş vrea să rezerv un bilet pentru Cluj.
아슈 브레아 서 레제르브 운 빌레트 펜트루 클루지

탑승권 여기 있습니다.

Poftiţi numărul de bord!
포프티치 누머룰 데 보르드

3. 낱말 풀이(Cuvinte)

agenţie
아젠치에
f. 대리점

voiaj
보이아지
n. 여행

agenţia de voiaj
아젠치아 데 보이아지
여행사

avion
아비온
n. 비행기

zbor
즈보르
n. 비행, 남

cursă
쿠르서
f. 항공

excursie 엑스쿠르시에	f. 짧은 여행
sejur 세주르	n. 휴가(지), 체류(지)
catagorie 카테고리에	f. 범주
stea 스테아	f. 별
anulare 아눌라레	f. 취소
confirmare 콘피르마레	f. 확인
dus 두스	n., adj. 편도(의)
dus-întors 두스 은토르스	n., adj. 왕복(의)
business class 비지네스 클라스	비즈니스 클래스
un loc spre culoar 운 록 스프레 쿨로아르	통로석
un loc la fereastră 운 록 라 페레아스트러	창가석
excedent de bagaje 엑스체덴트 데 바가제	중량초과
fumatul interzis 푸마툴 인테르지스	금연
număr de zbor 누머르 데 즈보르	항공기 번호

a fi de folos　　소용(도움)이 되다
피 데 폴로스

a face o excursie　　짧은 여행을 하다
파체 오 엑스쿠르시에

a-i sta la dispoziţie　　~의 처분에 맡기다
스타 라 디스포지치에

4. 문법(Gramatică)

1) 소유(대명사적)관사(Articolul genitival - posesiv):

소유 관사는 소유 형용사 앞에 위치하여 소유 대명사의 기능을 가지며, 사물의 성과 수에 따라 다음과 같이 형태 변화를 한다.

성	수	소유 관사
남성	단수	al
	복수	ai
여성	단수	a
	복수	ale

2) 소유 관사의 용법(Valorile articolului genitival):

① 소유 대명사:
예: Maşina este a mea. 이 차는 내 것이다.

② 소유물이 한정적으로 사용되지 않았을 경우, 즉 소유물에 정관사가 붙어 있지 않을 경우:
예: prietenul meu - un prieten al meu

③ 소유물과 소유자 사이에 다른 수식어가 있을 경우:
예: prietenul acesta al meu 나의 바로 이 친구

3) 동사상 명사(Modul supin)
동사상 명사는 전치사 + 동사의 과거분사로 구성된다.

동사상 명사의 용법:

① 명사 + 동사상 명사

예: maşină de scris 타자기
maşină de spălat 세탁기
fier de călcat 다리미

② 형용사(부사) + 동사상 명사

예: greu de reparat 수선하기 어려운
uşor de tradus 번역하기 쉬운

③ 동사 + 동사상 명사

예: Am de făcut. 나는 할 일이 있다.
N-am nimic de făcut. 나는 할 일이 없다.
Ce este de făcut? 해야할 일이 무엇이냐?

④ 이유를 나타내는 분사구문

예: De fumat, mă doare capul.
담배를 피워서 머리가 아프다.

⑤ 부사구

예: pe neaşteptate 예기치 않게
pe nemâncate 식사도 않고
pe nepregătite 준비도 없이

제 5 과 시내에서(În oraş)

1. 대화(Dialog)

Domnul Yi : Domnule Popescu, aş dori să vizitez oraşul
돔눌 이 돔눌레 포페스쿠 아슈 도이 서 비지테즈 오라슐

Bucureşti. Ce mă sfătuiţi să văd?
부쿠레슈티 체 머 스퍼투이치 서 버드

Domnul Popescu : În Bucureşti sunt multe locuri interesante.
돔눌 포페스쿠 은 부쿠레슈티 순트 물테 로쿠리 인테레산테

Puteţi începe cu Muzeul de Istorie Naţională.
푸테치 은체페 쿠 무제울 데 이스토리에 나치오날러

Domnul Yi : Unde este Muzeul de Istorie Naţională?
운데 예스테 무제울 데 이스토리에 나치오날러

Domnul Popescu : Muzeul se află pe calea Victoriei, chiar
무제울 세 아플러 페 칼레아 빅토리에이 키아르

în faţa clădirii C.E.C.-ului, în apropoiere de magazinul
은 파처 클러디리 체쿨루이 은 아프로피에레 데 마가지눌

Victoria.
빅토리아

Domnul Yi : Apoi unde mai pot merge?
아포이 운데 마이 포트 메르제

Domnul Popescu : Puteţi merge la Muzeul Satului care se
푸테치 메르제 라 무제울 사툴루이 카레 세

află în parcul Herăstrău.
아플러 은 파르쿨 헤러스트러우

Domnul Yi : Parcul Herăstrău e departe?
파르쿨 헤러스트러우 예 데파르테

Domnul Popescu : Nu, parcul Herăstrău nu e departe. Vă
누 파르쿨 헤러스터러우 누 예 데파르테 버

propun să mergem împreună cu maşina mea.
프로푼 서 메르젬 음프레우너 쿠 마쉬나 메아

Domnul Yi : Vă mulţumesc foarte mult.
버 물추메스크 포아르테 물트

Domnul Popescu : Dacă doriţi, putem vizita şi împrejurimile
다커 도리치 푸템 비지타 쉬 음프레주리밀레

oraşului unde sunt două mănăstiri foarte frumoase:
오라슐루이 운데 순트 도우어 머너스티리 포아르테 프루모아세

mănăstirea Cernica şi mănăstirea Snagov.
머너스티레아 체르니카 쉬 머너스티레아 스나고브

Domnul Yi : Cu plăcere. Mă interesează foarte mult
쿠 플러체레 머 인테레세아저 포아르테 물트

arhitectura românească veche.
아르히텍투라 로므네아스커 베케

Domnul Popescu : Şi în Bucureşti sunt multe clădiri vechi.
쉬 은 부쿠레슈티 순트 물테 클러디리 베키

Putem vizita ruinele palatului domnesc de la Curtea
푸템 비지타 루이넬레 팔라툴루이 돔네스크 델 라 쿠르테아

Veche şi Hanul lui Manuc.
베케 쉬 하눌 루이 마눅

Domnul Yi : Cred că este o idee foarte bună.
크레드 커 예스테 오 이데 포아르테 부너

* C.E.C. = Casa de Economii şi Consemnaţiuni
첵 카사 데 에코노미 쉬 콘셈나치우니

이씨 : 포페스쿠씨, 부쿠레슈티시내 관광을 하고 싶은데요. 무엇을 볼 것을 권하십니까?

포페스쿠씨 : 부쿠레슈티에는 많은 흥미로운 장소들이 있습니다. 국립 역사 박물관에서부터 시작하실 수 있겠습니다.

이씨 : 국립 역사 박물관은 어디 있습니까?

포페스쿠씨 : 박물관은 빅토리아 거리에 있습니다. 빅토리아 백화점 근처에 있는 책 건물 앞에 있습니다.

이씨 : 그리고 나서 어디를 더 가볼 수 있습니까?

포페스쿠씨 : 헤러스트러우 공원 안에 있는 민속 박물관을 관람하실 수 있습니다.

이씨 : 헤러스트러우 공원은 멉니까?

포페스쿠씨 : 아닙니다, 헤러스트러우 공원은 멀지 않습니다. 제 차로 함께 가시죠.

이씨 : 대단히 감사합니다.

포페스쿠씨 : 원하시면, 도시 근교에 있는 매우 아름다운 두 수도원들을 방문하실 수 있습니다.

이씨 : 기꺼이. 저는 루마니아의 오래된 건축물에 많은 관심을 가지고 있습니다.

포페스쿠씨 : 부쿠레슈티시내에도 오래된 건물들이 많이 있습니다. 「쿠르테아 베케」의 장엄한 궁전의 유적지와 「하눌 루이 마눅」을 관람할 수 있습니다.

이씨 : 대단히 좋은 생각입니다.

2. 유용한 표현(Expresiile uzuale)

여기 볼만한 것이 무엇입니까?

Ce-i de văzut aici?
체이 데 버주트 아이치

이 곳에 어떤 관광 명소들이 있습니까?

Ce monumente există aici?
체 모누멘테 엑지스터 아이치

이것은 무슨 건물입니까?

Ce clădire e aceasta?
체 클러디레 예 아체아스타

이 교회 이름은 무엇입니까?

Cum se numeşte biserica aceasta?
쿰 세 누메슈테 비세리카 아체아스타

이 박물관을 관람할 수 있습니까?

Se poate vizita acest muzeu?
세 포아테 비지타 아체스트 무제우

어느 길이 시청으로 가는 지름길입니까?

Care-i cel mai scurt drum la primărie?
카레 이 첼 마이 스쿠르트 드룸 라 프리머리에

역까지 어떻게 갑니까?

Cum ajung la gară?
쿰 아준그 라 가라

여기서 멉니까?

E departe de aici?
예 데파르테 데 아이치

걸어서 갈 수 있습니까, 아니면 차를 타고 가야 합니까?

Se poate merge pe jos sau trebuie luat un vehicul?
세 포아테 메르제 페 조스 사우 트레부이에 루아트 운 베히쿨

계속 똑바로 가세요.

Mergeţi tot înainte.
메르제치 토트 으나인테

다음 교차로에서 좌회전하세요.

La intersecţia următoare cotiţi la stânga.
라 인테르섹치아 우르머토아레 코티치 라 스틍가

역으로 가는 버스가 얼마 간격으로 옵니까?

La ce intervale trece autobuzul spre gară?
라 체 인테르발레 트레체 아우토부줄 스프레 가러

매 10 분 간격으로 옵니다.

Vine din zece în zece minute.
비네 딘 제체 은 제체 미누테

몇 번 버스가 공항으로 갑니까?

Ce autobuz merge la aeroport?
체 아우토부즈 메르제 라 아에로포르트

가장 가까운 택시 정류장은 어디 있습니까?

Unde-i cea mai apropiată staţie de taxiuri?
운데 이 체아 마이 아프로피아터 스타치에 데 탁시우리

민속 박물관으로 가려고 합니다.

Aş vrea să merg la Muzeul Satului.
아슈 브레아 서 메르그 라 무제울 사툴루이

오페라 극장으로 가려면 어디서 버스를 타야합니까?

De unde pot să iau un autobuz pentru operă?
데 운데 포트 서 이아우 운 아우토부즈 펜트루 오페러

버스 정류장은 어디에 있습니까?

Unde este staţia de autobuz?
운데 예스테 스타치아 데 아우토부즈

갈아타야만 합니까?

Trebuie să schimb?
트레부이에 서 스킴브

국립 극장은 어디 있습니까?

Unde este Teatrul Naţional?
운데 예스테 테아트룰 나치오날

시내 중심가에 있습니다.

E în centrul oraşului.
예 은 첸트룰 오라슐루이

어떤 전동 버스가 중심가를 지나갑니까?

Care troleibuze trec prin centrul oraşului?
카레 트롤레이부제 트렉 프린 첸트룰 오라슐루이

어디서 내려야 합니까?

Unde trebuie să cobor?
운데 트레부이에 서 코보르

대학교 앞에서 내리십시오!

Vă opriţi la Universitate!
버 오프리치 라 우니베르시타테

나는 통일 광장에서 내리기를 원합니다.

Aş vrea să cobor la Piaţa Unirii.
아슈 브레아 서 코보르 라 피아차 우니리

국립 예술 박물관은 어디 있습니까?

Dar unde e Muzeul de Artă al României?
다르 운데 예 무제울 데 아르터 알 로므니에이

공화 궁전내에 아테네울 로믄」바로 맞은 편에 있습니다.

E chiar vizavi de Ateneul Român, în Palatul Republicii.
예 키아르 비자비 데 아테네울 로믄 은 팔라툴 레푸블리치 입장료가 얼마입니까?

Cât costă intrarea?
크트 코스터 인트라레아

한국어 가이드가 있습니까?

Există un ghid care vorbeşte limba coreeană?
엑지스터 운 기드 카레 보르베슈테 림바 코레아너

입장권(승차권) 한 장 주십시오!

Un bilet, vă rog!
운 빌레트 버 록

입장권(승차권) 한 장을 원합니다.

Aş vrea un bilet.
아슈 브레아 운 빌레트

3. 낱말 풀이(Cuvinte)

oraş
오라슈 — n. 도시

sat
사트 — n. 마을, 촌락

cale
칼레 — f. 길, 오솔길, 도로

muzeu
무제우 — n. 박물관

biserică
비세리커 — f. 교회

mănăstire
머너스티레 — f. 수도원

palat 팔라트	n. 궁전
monument 모누멘트	n. 유적, 기념물
ruină 루이너	f. 폐허, 유적지
mormânt 모르믄트	n. 무덤, 묘지
cimitir 치미티르	n. 공동 묘지
parc 파르크	n. 공원
clădire 클러디레	f. 건물
împrejurimi 음프레주리미	pl. 주위, 근교
arhitectură 아르히텍투러	f. 건축(학)
altar 알타르	n. 제단
frescă 프레스커	f. 프레스코 화법(벽화)
liturghie 리투르기에	f. 기도, 미사
preot 프레오트	m. 목사, 신부
magazin 마가진	n. 상점

magazin universal 마가진 우니베르살	백화점
piaţă 피아처	f. (야)시장, 광장
idee 이데	f. 생각, 묘안, 아이디어
românesc 로므네스크	adj. 루마니아(사람)의
domnesc 돔네스크	adj. 귀족다운, 위엄 있는
a sfătui 스퍼투이	vt. 충고하다, 조언하다
a propune 프로푸네	vt. 제안하다
a interesa 인테레사	vt. 관심을 끌다
a vizita 비지타	vt. 방문하다
a crede 크레데	vt. 믿다, 생각하다
în faţa + 소유격 은 파차	~앞에
în apropiere de 은 아프로피에레 데	~근처에

4. 문법(Gramatică)

1) 관계 대명사 및 형용사(Pronumele şi adjectivul relativ)

care

<table>
<tr><td colspan="2" rowspan="2">수
격</td><td colspan="3">단수</td><td colspan="3">복수</td></tr>
<tr><td>남성</td><td>중성</td><td>여성</td><td>남성</td><td>중성</td><td>여성</td></tr>
<tr><td>주 격</td><td rowspan="2">대명사</td><td colspan="6">care</td></tr>
<tr><td>목적격</td><td colspan="6">pe care</td></tr>
<tr><td rowspan="2">소유격
여 격</td><td>대명사</td><td colspan="2">căruia</td><td>căreia</td><td colspan="3">cărora</td></tr>
<tr><td>형용사</td><td colspan="2">cărui</td><td>cărei</td><td colspan="3">căror</td></tr>
</table>

예:

[주격]

Raftul care este sus e liber.

Prietenul meu, care a venit de la Braşov, e student.

[목적격]

관계 대명사 목적격은 전치사 pe 와 함께 사용되며 관계 절에서 선행사가 인칭 대명사의 목적격 생략형에 의해서 중복해서 나타내어진다.

Am un vecin pe care îl văd în fiecare zi.

Vecinul nostru, pe care îl văd în fiecare zi, e medic.

[소유격]

소유격 관계 대명사 및 형용사는 소유 관사와 함께 사용된다.

Am scris prietenei mele al cărei tată e medic.

M-am întâlnit cu un prieten ale cărui surori sunt eleve.

[여격]

여격 관계 대명사가 이끄는 관계 절에서 선행사가 여격 인칭 대명사의 여격 생략형에 의해서 중복되어 나타내어진다.

Am întâlnit un prieten căruia i-am dat o carte.

Am vorbit cu o prietenă căreia i-am adus florile.

2) 소유격 지배 전치사(Prepoziţiile cazului genitiv)

일반적으로 전치사 다음에는 대명사나 명사의 목적격이 오는 것이 원칙이지만 일부 전치사(구)들은 소유격을 지배한다.

예:

împotriva (=contra)	+	소유격	:	~대항하여
în faţa	+	소유격	:	~앞에
în spatele	+	소유격	:	~뒤에
în jurul	+	소유격	:	~주위에
în fundul	+	소유격	:	~바닥에
în urma	+	소유격	:	~다음에
în mijlocul	+	소유격	:	~중앙에
în dreapta	+	소유격	:	~오른쪽에
în stânga	+	소유격	:	~왼쪽에
din cauza	+	소유격	:	~이유로
în numele	+	소유격	:	~이름으로
în locul	+	소유격	:	~입장에서

3) 어형성(Formarea cuvintelor)

루마니아어 단수 남성 명사에 접미사 -esc 가 붙어서 형용사가 되며, -eşte 가 붙어서 부사가 된다.

예:

român m.	- românesc adj.	- româneşte adv.
englez m.	- englezesc adj.	- englezeşte adv.
prieten m.	- preitenesc adj.	- prieteneşte adv.
bărbat m.	- bărbătesc adj.	- bărbăteşte adv.
muncitor m.	- muncitoresc adj.	- muncitoreşte adv.

제 6 과 기차역에서(La gară)

1. 대화(Dialog)

Domnul Kim : Vă rog, domnule, de la ce linie pleacă trenul
돔눌 김 버 록 돔눌레 데 라 체 리니에 플레아커 트레눌

accelerat pentru Tulcea?
악첼레라트 펜트루 툴체아

Impiegatul : Trenul accelerat pentru Tulcea pleacă de la
임피에가툴 트레눌 악첼레라트 펜트루 툴체아 플레아커 델 라

linia zece.
리니아 제체

Domnul Kim : Peste cât timp pleacă trenul?
페스테 크트 팀프 플레아커 트레눌

Impiegatul : Trenul pleacă peste cincisprezece minute.
트레눌 플레아커 페스테 친치스프레제체 미누테

Dacă nu aţi cumpărat încă bilete, trebuie să
다커 누 아치 쿰퍼라트 은커 빌레테 트레부이에 서

vă grăbiţi.
버 그러비치

Domnul Kim : Am cumpărat biletele de la agenţia de voiaj.
암 쿰퍼라트 빌레텔레 데 라 아젠치아 데 보이아지

Impiegatul : Aveţi bilete penrtu clasa a II-a?
아베치 빌레테 펜트루 클라사 아 도우아

Domnul Kim : Nu, am bilete pentru clasa I, la vagonul doi.
누 암 빌레테 펜트루 클라사 은트이 라 바고눌 도이

Impiegatul : Atunci trebuie să mergeţi pe peron mai în faţă.
아툰치 트레부이에 서 메르제치 페 페론 마이 은 파처

Vagoanele de clasa I sunt lângă locomotivă.
바고아넬레 데 클라사 은트이 순트 룽거 로코모티버

Domnul Kim : Mulţumesc pentru informaţie.
물추메스크 펜트루 인포르마치에

Impiegatul : Cu plăcere.
쿠 플러체레

김씨 : 실례지만 몇 번 선로에서 「툴체아」행 특급 열차가 출발합니까?

안내원 : 「툴체아」행 특급 열차는 10번 선로에서 출발합니다.

김씨 : 얼마 후에 기차가 출발합니까?

안내원 : 15분 후에 출발합니다. 아직 승차권을 구입하지 않으셨으면, 서두르셔야 합니다.

김씨 : 여행사에서 승차권을 구입했습니다.

안내원 : 2등 칸 승차권인가요?

김씨 : 아닙니다. 두 번째 차량에 1등 칸 승차권입니다.

안내원 : 그렇다면 더 앞쪽에 있는 플랫폼으로 가셔야 합니다. 일등 칸들은 기관차 옆에 있습니다.

김씨 : 알려주셔서 고맙습니다.

안내원 : 천만에요.

2. 유용한 표현(Expresiile uzuale)

기차역은 어디에 있습니까?

Unde este gara?
운데 예스테 가라

요금은 얼마입니까?

Cât costă?
크트 코스터

나는 북역으로 가기를 원합니다.

Vreau să merg la Gara de Nord.
브레아우 서 메르그 라 가라 데 노르드

수체아바행 기차는 언제 떠납니까?

La ce ora pleacă trenul de Suceava?
라 체 오라 프레아커 트레눌 데 수체아바

부쿠레슈티까지 요금이 얼마입니까?

Cât costă biletul până la Bucureşti?
크트 코스터 빌레툴 프너 라 부쿠레슈티

직통 열차입니까?

Este un tren direct?
예스테 운 트렌 디렉트

기차를 갈아타야만 합니까?

Trebuie să schimb trenul?
트레부이에 서 스킴브 트렌눌

몇 시에 콘스탄차에 도착합니까?

La ce oră ajunge trenul în Constanţa?
라 체 오라 아준제 트레눌 은 코스탄차

이 기차는 침대 칸이 있습니까?

Trenul acesta are vagon de dormit?
트레눌 아체스타 아레 바곤 데 도르미트

이 기차는 시나이아에서 정차합니까?

Trenul acesta opreşte în Sinaia?
트레눌 아체스타 오프레슈테 은 시나이아

클루즈가는 기차는 몇 번 플랫폼에서 떠납니까?

De la ce peron pleacă trenul de Cluj?
데 라 체 페론 프레아커 트레눌 데 클루지

브라쇼브에서 오는 기차는 몇 번 플랫폼에 도착합니까?

La ce peron vine trenul de Braşov?
라 체 페론 비네 트레눌 데 브라쇼브

기차 시간표 좀 주십시오.

Aş vrea un mers al trenurilor.
아슈 브레아 운 메르스 알 트레누릴로르

이 좌석은 비었습니까?

Este liber locul acesta?
예스테 리베르 로쿨 아체스타

여기는 제 자리입니다.

Cred că acesta este locul meu.
크레트 커 아체스타 예스테 로쿨 메우

여기는 무슨 역입니까?

Ce staţie este aici?
체 스타치에 예스테 아이치

기차는 여기에서 얼마나 정차합니까?

Cât timp stă trenul în gara aceasta?
크트 팀프 스터 트레눌 은 가라 아체아스타

침대칸에 빈자리가 있습니까?

Sunt locuri libere la vagonul de dormit?
순트 로쿠리 리베레 라 바고눌 데 도르미트

3. 낱말 풀이(Cuvinte)

gară 가러	f. 역
tren 트렌	n. 기차
vagon 바곤	n. 차량
locomotivă 로코모티버	n. 기관차
impiegat 임피에가트	m. 사환, 안내원
plecare 플레카레	f. 출발
sosire 소시레	f. 도착
intrare 인트라레	f. 입구
ieşire 이에쉬레	f. 출구
platformă 플랏포르머	f. 플랫폼
birou de informaţie 비로우 데 인포르마치에	안내소
fumător 푸머토르	m. 흡연자, 흡연석
nefumător 네푸머토르	m. 비흡연자, 금연석

vagon de dormit 바곤 데 도르미트	침대차
casa de bilete 카사 데 빌레테	매표소
sala de aşteptare 살라 데 아슈텝타레	대합실
clasa întâi 클라사 은트이	1등석
clasa a doua 클라사 아 도우아	2등석
jumătate de preţ 주머타테 데 프레츠	절반 가격
loc lângă fereastră 록 릉거 페레아스트러	창가석
inter-city 인터 시티	인터시티
rapid 라피드	급행
accelerat 악첼레라트	특급
personal 페르소날	일반

4. 문법(Gramatică)

1) 서수(Numeralul ordinal)

수	남 성	여 성
1.	primul, întâiul 프리물 은트이울	prima, întâia 프리마 은트이아
2.	al doilea 알 도일레아	a doua 아 도우아
3.	al treilea 알 트레일레아	a treia 아 트레이아
4.	al patrulea 알 파트룰레아	a patra 아 파트라
5.	al cincilea 알 친칠레아	a cincea 아 친체아
6.	al şaselea 알 샤셀레아	a şasea 아 샤세아
7.	al şaptelea 알 샵텔레아	a şaptea 아 샵테아
8.	al optulea 알 옵툴레아	a opta 아 옵타
9.	al nouălea 알 노우얼레아	a noua 아 노우아
10.	al zecelea 알 제첼레아	a zecea 아 제체아
11.	al unsprezecelea 알 운스프레제첼레아	a unsprezecea 아 운스프레제체아
12.	al doisprezecelea 알 도이스프레제첼레아	a douăsprezecea 아 도우어스프레제체아
13.	al treisprezecelea 알 트레이스프레제첼레아	a treisprezecea 아 트레이스프레제체아

* 14부터는 13과 동일한 방법이 적용된다.

제 7 과 공항에서(La aeroport)

1. 대화(Dialog)

Domnul Kim : Bună ziua. Aici are loc înregistrarea
돔눌 김 부너 지우아 아이치 아레 록 은레지스트라레아

pasagerilor pentru cursele Tarom?
파사제릴로르 펜트루 쿠르셀레 타롬

Funcţionarul : Da domnule. Unde zburaţi?
풍치오나룰 다 돔눌레 운데 즈부라치

Domnul Kim : Zbor până la Beijing, iar apoi până la Seul.
즈보르 프너 라 베이징 이아르 아포이 프너 라 세울

Funcţionarul : Vă rog să-mi prezentaţi biletul dumneavoastră
버 록 서 미 프레젠타치 빌레툴 둠네아보아스트러

şi paşaportul.
쉬 파샤포르툴

Domnul Kim : Aveţi aici documentele mele de călătorie.
아베치 아이치 도쿠멘텔레 멜레 데 컬러토리에

Funcţionarul : Mulţumesc. Văd că aveţi deja rezervat şi locul.
물추메스크 버드 커 아베치 데자 레제르바트 쉬 로쿨

Domnul Kim : Când are loc îmbarcarea pasagerilor?
큰드 아레 록 음바르카레아 파사제릴로르

Funţionarul : Îmbarcarea pasagerilor pentru cursa de
음바르카레아 파사제릴로르 펜트루 쿠르사 데

Beijing are loc peste o jumătate de oră la poarta
베이징 아레 록 페스테 오 주머타테 데 오러 라 포아르타

numărul doi. Vă dorim călătorie plăcută!
누머룰 도이 버 도림 컬러토리에 플러쿠터

Domnul Kim : Vă mulţumesc foarte mult!
버 물추메스쿠 포아르테 물트

김씨 : 안녕하세요. 여기서 「타롬」 항공의 탑승 수속을 합니까?

직원 : 예, 그렇습니다. 신사분. 어디로 가십니까?

김씨 : 베이징을 경유해서 서울로 갑니다.

직원 : 당신의 탑승권과 여권을 보여주시겠습니까?

김씨 : 여기 여행 서류들이 있습니다.

직원 : 감사합니다. 이미 좌석도 예약을 하셨군요.

김씨 : 탑승은 언제 시작됩니까?

직원 : 베이징 행 탑승은 2번 개찰구에서 반시간 후에 있겠습니다. 즐거운 여행이 되시기를 기원합니다!

김씨 : 대단히 감사합니다.

2. 유용한 표현(Expresiile uzuale)

어디로 가서 문의해야 합니까?
Unde să mă adresez?
운데 서 머 아드레세즈

여기서 ~항공의 탑승 수속을 합니까?
Aici are loc înregistrarea pasagerilor pentru cursele ~
아이치 아레 록 은레지스트라레아 파사제릴로르 펜트루 쿠르셀레

가방은 몇 개나 가지고 탈 수 있습니까?

Cât bagaj se poate lua în avion?
크트 바가지 세 포아테 루아 은 아비온

짐은 몇 킬로그램까지 가능합니까?

Câte kg de bagaj se pot lua gratuit?
크테 킬로그람 데 바가지 세 포트 루아 그라투이트

항공기는 몇 시에 이륙합니까?

La ce oră decolează avionul?
라 체 오러 데콜레아저 아비오눌

브라쇼브에는 몇 시에 도착합니까?

La ce oră ajungem(sosim) la Braşov?
라 체 오러 아준젬 (소심) 라 브라쇼브

비행기는 정각에 도착합니까?

E punctual avionul?
예 풍투알 아비오눌

10분 연착됩니다.

Are zece minute întârziere.
아레 제체 미누테 은트르지에레

대합실은 어디입니까?

Unde-i sala de aşteptare?
운데 이 살라 데 아슈텝타레

언제 (탑승) 안내방송이 있겠습니까?

Când suntem chemaţi?
큰드 순템 케마치

잠시 후에 부쿠레슈티 행 탑승이 실시되겠습니다.

Îmbarcarea pasagerilor pentru cursa de Bucureşti are loc
음바르카레아 파사제릴로르 펜트루 쿠르사 데 부쿠레슈티 아레 록

peste câteva minute.
페스테 크테바 미누테

승객들께서는 출구로 가시기를 부탁드립니다.
Pasagerii sunt rugaţi să vină la ieşire.
파사제리 순트 루가치 서 비너 라 이에쉬레

3. 낱말 풀이(Cuvinte)

aeroport
아에로포르트
n. 공항

înregistrare
은레지스트라레
f. 등록, 수속

pasager
파사제르
m. 탑승자

cursă
쿠르서
f. 운항, 항공, 여행

paşaport
파샤포르트
n. 여권

document
도쿠멘트
n. (관련)서류

călătorie
컬러토리에
f. 여행

îmbarcare
음바르카레
f. 탑승

poartă
포아르터
f. 대문, 관문

pentru
펜트루
prep. ~위하여

peste
페스테
prep. ~위에, 후에

până la 프너 라	prep. ~까지
a zbura 즈부라	vi. 날다, 비행하다
a prezenta 프레젠타	vt. 주다, 보여주다, 소개하다
a lua loc 루아 록	개최되다
o jumătate de 오 주머타테 데	~의 반(1/2)
anulare 아눌라레	f. 취소
confirmare 콘피르마레	f. 확인
dus 두스	n., adj. 편도(의)
dus-întors 두스 은토르스	n., adj. 왕복(의)
business class 비지네스 클라스	비즈니스 클래스
un loc spre culoar 운 록 스프레 쿨로아르	통로석
un loc la fereastră 운 록 라 페레아스트러	창가석
excedent de bagaje 엑스체덴트 데 바가제	중량초과
fumatul interzis 푸마툴 인테르지스	금연

număr de zbor　　　항공기 번호
누머르 데 즈보르

4. 문법(Gramatică)

1) 전치사(Prepoziţia)

① 루마니아어의 전치사는 단독으로 사용되는 것이 일반적이지만 일부 전치사는 이중으로 사용되기도 한다.

de la　　　~로부터
până la　　　~까지
de pe　　　~위의, 위로부터
de lângă　　　~옆의

② 루마니아어에선 전치사 다음에 오는 명사가 한정적이 아닐 경우엔 원칙적으로 무 관사로 사용된다.

Merg spre facultate.
Vine de la bibliotecă.
Locuiesc lângă şcoală.

③ 그러나 전치사 cu 다음에 오는 명사는 한정적 용법에 상관없이 대부분 정관사를 대동한다.

Discutăm cu profesorul.
Scrie cu stiloul.
Merge la şcoală cu tramvaiul.

예외:

전치사 cu 다음에도 재료를 나타내는 명사들은 무 관사로 사용된다.

Scriu cu cerneală.
Se spală cu săpun.

제 8 과 항공기내에서(În avion)

1. 대화(Dialog)

Stewardul : Bună ziua şi bine aţi venit la bord.
스튜아르둘 부너 지우아 쉬 비네 아치 베니트 라 보르드

Vă rugăm să vă legaţi centurile de siguranţă.
버 루검 서 버 레가치 첸투릴레 데 시구란처

Domnul Kim : Peste câte minute decolăm?
돔눌 김 페스테 크테 미누테 데콜럼

Stewardul : Decolăm peste câteva minute.
데콜럼 페스테 크테바 미누테

Domnul Kim : În timpul zborului pot folosi telefonul mobil?
은 팀풀 즈보룰루이 포트 폴로시 텔레포눌 모빌

Stewardul : Îmi pare rău, dar în timpul zborului este interzisă
으미 파레 러우 다르 은 팀풀 즈보룰루이 예스테 인테르지서

folosirea aparatelor electronice.
폴로시레아 아파라텔로르 엘렉트로니체

Domnul Kim : Deci trebuie să ţin telefonul închis tot timpul
데치 트레부이에 서 친 텔레포눌 은키스 토트 팀풀

zborului?
즈보룰루이

Stewardul : Bineînţeles, altfel puneţi în pericol siguranţa
비네은첼레스 알트펠 푸네치 은 페리콜 시구란차

zborului şi a celorlalţi pasageri.
즈보룰루이 쉬 아 첼로르랄치 파사제리

Domnul Kim : Am înţeles, aşa voi face. Puteţi să-mi aduceţi
암 은첼레스 아샤 보이 파체 푸테치 서 미 아두체치

un pahar cu apă. Trebuie să iau un medicament.
운 파하르 쿠 아퍼 트레부이에 서 이아우 운 메디카멘트

Stewardul : Desigur, vă aduc imediat.
데시구르 버 아둑 이메디아트

승무원 : 안녕하십니까? 탑승을 환영합니다. 안전 벨트를 착용하여 주시기 바랍니다.

김씨 : 몇 분 후에 이륙합니까?

승무원 : 몇 분 후면 곧 이륙합니다.

김씨 : 비행 중에 휴대 전화를 사용할 수 있습니까?

승무원 : 죄송합니다만 비행 중에는 전자 기기 사용은 금지되어 있습니다.

김씨 : 그러면 비행 도중에는 내내 전화기를 꺼 놓아야 합니까?

승무원 : 물론입니다. 그렇지 않으면 안전 운항에 지장이 있으며 다른 승객들까지도 위험에 처할 수가 있습니다.

김씨 : 알겠습니다. 그렇겠군요. 물 한잔만 가져다 주시겠습니까? 약을 먹어야 합니다.

승무원 : 예, 곧 가져다 드리겠습니다.

2. 유용한 표현(Expresiile uzuale)

안녕하십니까. 탑승을 환영합니다!

Bună ziua. Bine aţi venit la bord!
부너 지우아 비네 아치 베니트 라 보르드

흡연을 삼가 해 주시기 바랍니다!

Vă rog să nu mai fumaţi!
버 록 서 누 마이 푸마치

몇 분 후에 이륙하겠습니다.

Decolăm peste câteva minute.
데콜럼 페스테 크테바 미누테

안전 벨트를 착용해 주시기를 부탁드립니다!

Vă rugăm să fixaţi centurile de siguranţă!
버 루검 서 픽사치 첸투릴레 데 시구란처

현재 고도가 얼마나 됩니까?

La ce înălţime suntem acum?
라 체 으널치메 순템 아쿰

우리는 평균 고도 8000 미터를 비행할 것입니다.

Vom zbura la o înălţime medie de 8000 de metri.
봄 즈부라 라 오 으널치메 메디에 데 옵트미 데 메트리

몸이 안 좋습니다.

Mi-e rău.
미 예 러우

항공병에 대한 약 좀 가지고 있습니까?

Aveţi ceva împotrivă răului de avion?
아베치 체바 음포트리버 러울루이 데 아비온

물 한잔만 가져다줄 수 있습니까?

Puteţi să-mi aduceţi un pahar cu apă?
푸테치 서 미 아두체치 운 파하르 쿠 아퍼

언제 착륙합니까?

Când aterizăm?
큰드 아테리점

약 20분 후에 착륙합니다.

Aterizăm peste vreo douăzeci de minute.
아테리점 페스테 브레오 도우어제치 데 미누테

죄송합니다만, 비행 중엔 휴대전화 사용이 금지되어 있습니다.

Îmi pare rău, dar în timpul zborului este interzisă folosirea
으미 파레 러우 다르 은 팀풀 즈보룰루이 예스테 인테르지서 폴로시레아

telefoanele mobile.
텔레포아넬레 모빌레

앉아 주시기 바랍니다.

Nu părăsiţi locurile, vă rog!
누 퍼러시치 로쿠릴레 버 록

문이 열릴 때까지 기다리시기 바랍니다.

Vă rog să aşteptaţi până ce se deschide uşă!
버 록 서 아슈텝타치 프너 체 세 데스키데 우셔

3. 낱말 풀이(Cuvinte)

steward
스튜아르드
m. 승무원

stewardesă
스튜아르데서
f. 여승무원

bord
보르드
n. 선반, 기내, 선내

centură
첸투러
f. 밸트

siguranţă 시구란처	f. 안전
centurile de siguranţă 첸투릴레 데 시구란처	안전 밸트
aparat 아파라트	n. 기계, 기기
aparatele electronice 아파라텔레 엘렉트로니체	전자 기기, 전자 제품
folosire 폴로시레	f. 이용, 사용
pericol 페리콜	n. 위험
pahar 파하르	n. 잔, 컵
medicament 메디카멘트	n. 의약
telefonul mobil 텔레포눌 모빌	휴대 전화기
un loc spre culoar 운 록 스프레 쿨로아르	통로석
un loc la fereastră 운 록 라 페레아스트러	창가석
fumatul interzis 푸마툴 인테르지스	금연
interzis 인테르지스	adj. 금지된
închis 은키스	adj. 닫쳐진

altfel
알트펠
adv. 그렇지 않으면

imediat
이메디아트
adv. 즉시

deci
데치
conj. 그러므로, 따라서

bineînţeles
비네은첼레스
= desigur adv. 물론, 확실히
데시구르

4. 문법(Gramatică)

1) 지시 대명사 및 형용사: celălalt 다른(것)

수 / 격	단수			복수		
	남성	중성	여성	남성	중성	여성
주 격 목적격	celălalt		cealaltă	ceilalţi	celelalte	
소유격 여 격	celuilalt		celeilalte	celorlalţi	celorlalte	

예:

Am doi fraţi. Unul locuieşte la Braşov, celălalt (frate) la Iaşi.
Nu-mi place casa aceasta, vreau s-o cumpăr pe cealaltă.
Au rămas numai câţiva studenţi în clasă, ceilalţi au plecat acasă.
Am scris câteva vederi astăzi, pe celelalte o să le scriu mâine.

Acestui băiat i-am dat o carte, celuilalt (băiat) i-am dat un caiet.
Unor prieteni le-am laut bilete la balcon, celorlaţi (prieteni) la lojă.

2) 동사의 활용(Conjugarea verbelor)

직설법 현재(Modul indicativ, timpul prezent)

a ruga vt. 부탁하다	a lua vt. 잡다, 구입하다
1. rog	iau
2. rogi	iei
3. roagă	ia
4. rugăm	luăm
5. rugaţi	luaţi
6. roagă	iau

a decola vi. 이륙하다	a ateriza vi. 착륙하다
1. decolez	aterizez
2. decolezi	aterizezi
3. decolează	aterizează
4. decolăm	aterizăm
5. decolaţi	aterizaţi
6. decolează	aterizează

제 9 과 쇼핑(La cumpărături)

1-1. 백화점에서(Într-un magazin universal)

Vânzătorul : Bună ziua. Cu ce vă putem servi?
븐저토룰 부너 지우아 쿠 체 버 푸템 세르비

Domnul Yi : Bună ziua. Aş dori să cumpăr câteva cadouri
돔눌 이 부너 지우아 아슈 도리 서 쿰퍼르 크테바 카도우리

pentru familie şi pentru prieteni.
펜트루 파밀리에 쉬 펜트루 프리에테니

Vânzătorul : Avem multe mărfuri de bună calitate şi ieftine.
아벰 물테 머르푸리 데 부너 칼리타테 쉬 이에프티네

Domnul Yi : Ce puteţi să-mi recomandaţi?
체 푸테치 서 미 레코만다치

Vânzătorul : Pentru soţia dumneavoastră puteţi cumpăra o ie
펜트루 소치아 둠네아보아스트러 푸테치 쿰퍼라 오 예

românească. Este deosebit de frumoasă.
로므네아스커 예스테 데오세비트 데 프루모아서

Domnul Yi : Dar pentru prieteni, ce pot cumpăra?
다르 펜트루 프리에테니 체 포트 쿰퍼라

Vânzătorul : Avem căciuli din blană şi mănuşi din piele.
아벰 커치울리 딘 블라너 쉬 머누쉬 딘 피엘레

Puteţi cumpăra şi obiecte de artizanat.
푸테치 쿰퍼라 쉬 오비엑테 데 아르티자나트

Domnul Yi : Puteţi să-mi arătaţi câteva?
푸테치 서 미 아러타치 크테바

Vânzătorul : Desigur. Iată aici avem ceramică românească,
데시구르 이아터 아이치 아벰 체라미커 로므네아스커

linguri din lemn, ştergare şi marame.
린구리 딘 렘 슈테르가레 쉬 마라메

Domnul Yi : Sunt foarte frumoase. Voi cumpăra o ie, o
순트 포아르테 프루모아세 보이 쿰퍼라 오 이에 오

pereche de mănuşi din piele, două ştergare şi o
페레케 데 머누쉬 딘 피엘레 도우러 슈테르가레 쉬 오

maramă.
마라머

Vânzătorul : Este o alegere excelentă! Vă rugăm să mai
예스테 오 알레제레 엑스첼렌터 버 루검 서 마이

poftiţi pe la noi!
포프티치 펠 라 노이

판매원 : 안녕하십니까? 무엇을 도와드릴까요?

이씨 : 가족과 친구들을 위하여 약간의 선물들을 구입하려고 합니다.

판매원 : 우리는 값싸고 좋은 품질의 상품들을 많이 가지고 있습니다.

이씨 : 저에게 무엇을 권해주실 수 있습니까?

판매원 : 부인께는 루마니아의 전통 블라우스를 구입하실 수 있습니다. 아주 아름답습니다.

이씨 : 그럼 친구들을 위해선 무엇을 구입할 수 있을까요?

판매원 : 우리는 털모자와 가죽 장갑들을 가지고 있습니다. 수공예품들을 구입하실 수도 있겠습니다.

이씨 : 저에게 몇 개만 보여줄 수 있습니까?

판매원 : 물론이죠. 여기 루마니아 도자기와 나무로 된 숟가락들과 수건 류 및 손수건들이 있습니다.

이씨 : 매우 아름답군요. 블라우스 한 벌과 가죽 장갑 한 켤레와 수건 두 장과 손수건 한 장을 구입하겠습니다.

판매원 : 정말 훌륭한 선택입니다. 저희 상점에 또 들려주시기를 부탁드립니다

1-2. 야시장에서(La piaţă)

Domnul Popescu : Bună ziua, domnule Yi. Unde mergeţi acum?
돔눌 포페스쿠 부너 지우아 돔눌레 이 운데 메르제치 아쿰

Domnul Yi : Merg la piaţă. Vreau să cumpăr fructe şi legume.
돔눌 이 메르그 라 피아처 브레아우 서 쿰퍼르 프룩테 쉬 레구메

Domnul Popescu : Pot să vă însoţesc?
포트 서 버 은소체스크

Domnul Yi : Cu multă plăcere.
쿠 물터 플러체레

....

Domnul Popescu : Aici puteţi cumpăra fructe şi legume.
아이치 푸테치 쿰퍼라 프룩테 쉬 레구메

Domnul Yi : Aş vrea să cumpăr mere, pere, cartofi, varză,
아슈 브레아 서 쿰퍼르 메레 페레 카르토피 바르저

ceapă şi morcovi.
체아퍼 쉬 모르코비

Domnul Popescu : În general fructele şi legumele se vând
은 제네랄 프룩텔레 쉬 레구멜레 세 븐드

la kilogram, iar preţul depinde de calitatea lor.
라 킬로그람 이아르 프레출 데핀데 데 칼리타테아 로르

Domnul Yi : Văd aici mere foarte frumoase. Aş cumpăra un
버드 아이치 메레 포아르테 프루모아세 아슈 쿰퍼라 운

kilogram.
킬로그람

Domnul Popescu : Vreţi să cumpăraţi ceapă verde sau ceapă
브레치 서 쿰퍼라치 체아퍼 베르데 사우 체아퍼

uscată?
우스카터

Domnul Yi : Vreau să cumpăr ceapă verde.
브레아우 서 쿰퍼르 체아퍼 베르데

Domnul Popescu : Ceapa verde nu se vinde la kilogram.
체아파 베르데 누 세 빈데 라 킬로그람

Puteţi cumpăra una sau două legături de ceapă verde.
푸테치 쿰퍼라 우나 사우 도우어 레거투리 데 체아퍼 베르데

Domnul Yi : Ce este aceasta?
체 예스테 아체아스타

Domnul Popescu : Aceasta este salată verde. Este foarte
아체아스타 예스테 살라터 베르데 예스테 포아르테

gustoasă.
구스토아서

Domnul Yi : Am să iau şi câteva salate. Par foarte proaspete.
암 서 이아우 쉬 크테바 살라테 파르 포아르테 프로아스페테

포페스쿠씨 : 안녕하십니까? 이 선생님! 지금 어딜 가십니까?

이씨 : 야시장에 갑니다. 과일과 채소를 사려고 합니다.

포페스쿠씨 : 당신과 함께 가도 될까요?

이씨 : 물론이고 말고요.

....

포페스쿠씨 : 여기에서 과일과 채소를 사실 수 있습니다.

이씨 : 저는 사과와 배와 감자와 배추와 양파와 당근을 사려고 합니다.

포페스쿠씨 : 대개 과일들과 채소들은 무게로 팔지만 가격은 품질에 따라 다릅니다.

이씨 : 여기에 있는 사과들이 매우 좋아 보이는군요. 일 킬로그램만 사고싶습니다.

포페스쿠씨 : 푸른 양파를 사시렵니까? 아니면 마른 양파를 사시렵니까?

이씨 : 푸른 양파를 사려고 합니다.

포페스쿠씨 : 푸른 양파는 무게로 팔지를 않습니다. 한 묶음이나 두 묶음 사실 수 있습니다.

이씨 : 이것은 무엇입니까?

포페스쿠씨 : 이것은 배추입니다. 맛이 좋습니다.

이씨 : 상추들도 좀 사려고 합니다. 매우 신선한 것 같군요.

2. 유용한 표현(Expresiile uzuale)

~을 어디서 구할 수 있습니까?

Unde se găseşte ~ ?
운데 세 거세슈테

~을 어디서 살 수 있습니까?

Unde pot cumpăra ~ ?
운데 포트 쿰퍼라

좋은 상점을 알고 있습니까?

Ştiţi un magazin bun?
슈티치 운 마가진 분

무엇을 도와드릴까요?

Cu ce vă pot ajuta?
쿠 체 버 포트 아주타

저는 그냥 구경하는 겁니다.

Mă uit, doar.
머 우이트 도아르

~을 팝니까?

Vindeţi ~?
빈데치

~ 있습니까?

Aveţi ~?
아베치

나는 ~을 사고 싶습니다.

Aş vrea să cumpăr ~.
아슈 브레아 서 쿰퍼르

~을 좀 보여주시겠습니까?

Puteţi să-mi arătaţi nişte ~?
푸테치 서 미 아러타치 니슈테

이것은 얼마입니까?

Cât costă?
크트 코스터

너무 비싸군요.

Asta-i prea scump.
아스타-이 프레아 스쿰프

나는 값이 좀 더 싼 것을 원합니다.

Vreau una mai ieftină.
브레아우 우나 마이 이에프티너

나는 좀 더 좋은 것을 찾고 있습니다.

Caut ceva mai bun.
카우트 체바 마이 분

제가 원하는 게 아닙니다.

Nu este chiar ce vreau eu.
누 예스테 키아르 체 브레아우 예우

마음에 들지 않는군요.

Nu-mi place.
누 미 플라체

좀 더 생각해 봐야겠습니다.

Trebuie să mă mai gândesc.
트레부이에 서 머 마이 근데스크

다른 곳을 둘러보려고 합니다.

Vreau să mă mai uit şi în altă parte.
브레아우 서 머 마이 우이트 쉬 은 알터 파르테

이것이 마음에 드는군요.

Asta-mi place.
아스타 미 플라체

이걸 사겠습니다.

Îl cumpăr!
을 쿰퍼르

이것이 전부입니다.

Asta este tot.
아스타 예스테 토트

훌륭한 선택이십니다.

Este o alegere excelentă.
예스테 오 알레제레 엑스첼렌터

달러 받습니까?

Primiţi dolari?
프리미치 돌라리

신용카드로 지불해도 됩니까?

Pot plăti cu cartea de credit?
포트 플라치 쿠 카르테아 데 크레디트

포장을 해주시겠습니까?

Vreţi să-l împachetaţi, vă rog?
브레치 설 음파케타치 버 록

전부 얼마입니까

Cât costă împreună?
크트 코스터 음프레우너

(지불은) 계산소에서 (하시죠)!

Poftiţi la casă!
포프티치 라 카서

물건은 그곳에서 내줄 것입니다.

Eliberarea mărfurilor e acolo.
엘리베라레아 머르푸릴로르 예 아콜로

영수증을 주시겠습니까?

Puteţi să-mi daţi o chitanţa?
푸테치 서 미 다치 오 키탄차

여기에 적어주십시오.

Vă rog scrieţi aici.
버 록 스크리에치 아이치

이 물건엔 하자가 있습니다.

Marfa asta are un defect.
마르파 아스타 아레 운 데펙트

이것을 교환해주시겠습니까?

Puteţi să-mi schimbaţi aceasta, vă rog?
푸테치 서 미 스킴바치 아체아스타 버 록

나는 환불을 원합니다. 영수증 여기 있습니다.

Aş vrea plata înapoi. Poftiţi chitanţa.
아슈 브레아 플라타 으나포이 포프티치 키탄차

나는 남자용 ~을 원합니다.

Aş vrea ~ pentru un băiat.
아슈 브레아 펜트루 운 버이아트

나는 열살짜리 여자아이용 ~을 원합니다.

Aş vrea ~ pentru o fată de zece ani.
아슈 브레아 펜트루 오 파터 데 제체 아니

나는 이런 것을 원합니다.

Aş vrea ceva ca aceasta.
아슈 브레아 체바 카 아체아스타

나는 이것과 어울리는 것을 원합니다.

Aş vrea ceva să se potrivească cu aceasta.
아슈 브레아 체바 서 세 포트리베아스커 쿠 아체아스타

이 색깔은 마음에 안듭니다.

Nu-mi place culoarea.
누 미 플라체 쿨로아레아

이것은 손으로 직접 만든 겁니까?

Aceasta este făcută de mână?
아체아스타 예스테 퍼쿠터 데 므너

나는 더 얇은 것을 원합니다.

Aş vrea ceva mai subţire.
아슈 브레아 체바 마이 숩치레

이것은 무엇으로 만든 것입니까?

Din ce este făcut?
딘 체 예스테 퍼쿠트

이것은 순면입니까?

Este de bumbac?
예스테 데 붐박

세탁을 해도 됩니까?

Se spală la maşină?
세 스팔러 라 마쉬너

나는 루마니아 사이즈를 모릅니다.

Nu cunosc măsurile româneşti.
누 쿠노스크 머수릴레 로므네슈티

내게 맞는 사이즈를 권해주십시오.

Puteţi să-mi luaţi măsura?
푸테치 서 미 루아치 머수라

입어봐도(신어봐도) 됩니까?

Pot să-l probez?
포트 설 프로베즈

고칠 수도 있습니까?

Se poate modifica?
세 포아테 모디피카

여기 좀 늘려(줄여) 줄 수 있습니까?

Puteţi lungi(scurta) puţin aici?
푸테치 룬지(스쿠르타) 푸친 아이치

이 블라우스가 당신에게 잘 어울리는군요.

Această bluză vă şade de minune.
아체아스터 블루저 버 샤데 데 미누네.

이것은 꼭 맞는군요.

Îmi vine foarte bine.
으미 비네 포아르테 비네

3. 낱말 풀이(Cuvinte)

① 일반 사항

magazin n. 상점
마가진

magazin universal 백화점
마가진 우니베르살

piaţă f. 광장, 야시장
피아처

alimente pl. 생필품
알리멘테

articole de menaj 가정용품
아르티콜레 데 메나지

florărie f. 화원
플로러리에

librărie 리브러리에	f. 서점
papetărie 파페터리에	f. 문구(점)
îmbrăcăminte 음브러커민테	f. 의류
încălţăminte 은컬처민테	f. 제화류
suvenir 수베니레	f. 기념품
artizanat 아르티자나트	n. 수공예품
jucărie 주커리에	f. 장난감
articole de sport 아르티콜레 데 스포르트	운동기구
giuvaer 지우바에르	n. 보석
giuvaergiu 지우바에르지우	m. 보석상
ceas 체아스	n. 시계
ceasornicărie 체아소르니커리에	f. 시계방
parfumerie 파르푸메리에	f.
marochinărie 마로키너리에	f. 피혁제품

tutungerie 투툰제리에	f. 담배(가게)
brutărie 브루터리에	f. 제과점
pâine 프이네	f. 빵, 제과점
carne 카르네	f. 육류, 고기
mezeluri 메젤루리	pl. 소시지류
fruct 프룩트	n. 과일
legumă 레구머	f. 채소

② 과일

banană 바나너	f. 바나나
căpşuni 커프슈니	pl. 딸기
cireşe 치레셰	pl. 체리
lămâie 러므이에	f. 레몬
mandarină 만다리너	f. 귤
măr 머르	n. 사과
nucă 누커	f. 호두

pară 파러	f. 배
pepene galben 페페네 갈벤	참외, 멜론
pepene roşu 페페네 로슈	수박
piersică 피에르시커	f. 복숭아
portocală 포르토칼러	f. 오렌지
prună 프루너	f. 서양오얏, 자두
struguri 스트루구리	pl. 포도

③ 채소

cartof 카르토프	m. 감자
vânătă 브너터	f. 가지
ceapă 체아퍼	f. 양파
praz 프라즈	m. 파
roşie 로쉬에	f. 토마토
morcov 모르코브	m. 당근
ardei 아르데이	m. 피만

ardei iute
아르데이 이우테
고추

usturoi
우스투로이
n. 마늘

castravete
카스트라베테
m. 오이

varză
바르저
f. 배추

ridiche
리디케
f. 무

fasole
파솔레
f. 콩

spanac
스파낙
n. 시금치

④ 색깔

bej
베지
adj. 베이지 색

albastru
알바스트루
adj. 파란 색

albastru închis
알바스트루 은키스
검푸른 색

gri
그리
adj. 회색

cenuşiu
체누쉬우
adj. 잿빛

cenuşiu închis
체누쉬우 은키스
짙은 회색

verde adj.
베르데
녹색

verde închis
베르데 은키스

진 녹색

verde deschis
베르데 데스키스

연 녹색

portocaliu
포르토칼리우

adj. 오렌지 색

roz
로즈

adj. 장미빛

roşu
로슈

adj. 빨간 색

negru
네그루

adj. 검정 색

alb
알브

adj. 흰색

⑤ 의류 및 옷감

costum
코스툼

n. 정장(남성용)

taior
타이오르

n. 정장(여성용)

rochie
로키에

f. 드레스

bluză
블루저

f. 블라우스

pantaloni
판탈로니

pl. 바지

pantaloni scurţi
판탈로니 스쿠르치

반바지

blue jeans
블루 진스

블루진

fustă
푸스터
f. 치마

cămaşă
커마셔
f. 샤츠

jachetă
자케터
f. 쟈켓

palton
팔톤
n. 코트(겨울용)

pardesiu
파르데시우
n. 코트

vestă
베스터
f. 조끼

pulover
풀로베르
n. 스웨터

lenjerie (de corp)
렌제리에 (데 코르프)
속내의

pijama
피자마
f. 파자마

şorţ
쇼르츠
n. 앞치마

cravată
크라바터
f. 넥타이

fular
풀라르
n. 털목도리

ciorapi
치오라피
pl. 스타킹(무릎까지 오는 것)

ciorapi-pantaloni
치오라피 판탈로니
바지 스타킹

şosete 쇼세테	pl. 양말
batistă 바티스터	f. 손수건
mănuşi 머누쉬	pl. 장갑
cordon 코르돈	n. 혁대
stofă(material) 스토퍼(마테리알)	옷감(재료)
bumbac 붐박	m. 면
nailon 나일론	n. 나일론
poplină 포플리너	f. 포플린
mătase 머타세	f. 비단
catifea 카티페아	f. 우단
lână 르너	f. 모

⑥ 사이즈

S. = mic
믹

M. = mediu
메디우

L. = mare
마레

XL. = extra mare
엑스트라 마레

4. 문법(Gramatică)

1) 조건 - 기원법(Modul condiţional - optativ)

① 루마니아어의 조건-기원법의 현재 시제는 조동사(aş, ai, ar, am, aţi, ar) + 본동사의 부정형(원형)으로 나타낸다.

예: (Eu) aş merge.
(Tu) ai merge.
(El/Ea) ar merge.
(Noi) am merge.
(Voi) aţi merge.
(Ei/Ele) ar merge.

② 조건-기원법은 화자의 겸손한 표현을 나타냄으로써 교양 있고 정중한 표현이 된다.

예: 일반적 표현: (Eu) vreau să merg acum.
정중한 표현: (Eu) aş vrea să merg acum.

2) 부사(Adverbul)

① 일반적으로 루마니아어의 형용사나 부사의 비교급을 나타내는 부사로선 mai 가 사용되며, 상대 최상급을 나타낼 때는 지시관사(cel, cea, cei, cele) + mai 형태가 사용되고 절대 최

상급을 가리킬 때는 부사 foarte 가 사용된다.

비교급　　　: mai bine, mai frumoasă
상대 최상급 : cel mai bine, cea mai frumoasă
절대 최상급 : foarte bine, foarte frumoasă

② 루마니아어의 비교를 나타내는 일부 부사들은 그들이 수식하는 형용사나 부사 사이에 전치사 de 와 더불어 사용된다:

nemaipomenit de frumoasă	이루 형용할 수 없이 아름다운
deosebit de frumoasă	특별히 아름다운
extraordinar de frumoasă	대단히 아름다운
extrem de frumoasă	대단히 아름다운
grozav de frumoasă	대단히 아름다운
destul de frumoasă	충분히 아름다운
(tot) aşa de frumoasă	똑같이 아름다운
tot atât de frumoasă	똑같이 아름다운
la fel de frumoasă	똑같이 아름다운

제 10 과 은행에서(La bancă)

1. 대화(Dialog)

Funcţionarul : Bună ziua, domnule. Cu ce vă pot fi de folos?
풍치오나룰 부너 지우아 돔눌레 쿠 체 버 포트 피 데 폴로스

Domnul Yi : Bună ziua. Aş dori să scot un milion cinci
이 부너 지우아 아슈 도리 서 스코트 운 밀리온 친치

sute de mii de lei din contul meu.
수테 데 미 데 레이 딘 콘툴 메우

Funcţionarul : Aveţi cont la banca noastră?
아베치 콘트 라 반카 노아스트러

Domnul Yi : Nu, am un cont la o bancă din Coreea.
누 암 운 콘트 라 오 반커 딘 코레아

Funcţionarul : Va trebui să expediaţi la banca din Coreea un
바 트레부이 서 엑스페디아치 라 반카 딘 코레아 운

ordin de plată şi să aşteptaţi câteva zile pentru
오르딘 데 플라터 쉬 서 아슈텝타치 크테바 질레 펜트루

a vă putea da banii.
아 버 푸테아 다 바니

Domnul Yi : Am şi o carte de credit internaţională.
암 쉬 오 카르테 데 크레디트 인테르나치오날러

Funcţionarul : Atunci este mult mai simplu. Puteţi merge la
아툰치 예스테 물트 마이 심플루 푸테치 메르제 라

biroul carduri sau puteţi scoate banii direct de la
비로울 카르두리 사우 푸테치 스코아테 바니 디렉트 데 라

distribuitorul automat de bancnote.
디스트리부이토룰 아우토마트 데 방크노테

Domnul Yi : Pot folosi cartea de credit şi la magazine?
포트 폴로시 카르테아 데 크레디트 쉬 라 마가지네

Funcţionarul : Fără îndoială. Unele magazine acceptă plata cu
퍼러 은도이알러 우넬레 마가지네 악쳅터 플라타 쿠

cărţi de credit sau cu carduri, cum se mai
커르치 데 크레디트 사우 쿠 카르두리 쿰 세 마이

numesc.
누메스크

Domnul Yi : Vă mulţumesc pentru ajutor.
버 물추메스크 펜트루 아주토르

Funcţionarul : Pentru puţin.
펜트루 푸친

직원 : 안녕하십니까, 신사분. 무엇을 도와드릴 수 있을까요?

이씨 : 안녕하십니까. 내 통장에서 백 오십만 레이를 찾으려고 합니다.

직원 : 저희 은행에 계좌를 가지고 계십니까?

이씨 : 아뇨. 한국에 있는 한 은행에 계좌를 가지고 있습니다.

직원 : 한국에 있는 은행에 지출 명령을 보내시고, 당신께 지급해드릴 수 있도록 며칠만 기다리셔야 합니다.

이씨 : 나는 국제적인 신용 카드를 가지고 있습니다.

직원 : 그렇다면 더 간단하겠습니다. 카드 계로 가셔도 되고, 또는 자동 지급기에서 직접 현금을 인출하실 수가 있겠습니다.

이씨 : 상점에서도 신용 카드를 이용할 수가 있습니까?

직원 : 물론이죠. 일부 상점들은 신용 카드를 받고 있습니다.

이씨 : 도움을 주셔서 감사합니다.

직원 : 별 것도 아닌데요.

2. 유용한 표현(Expresiile uzuale)

여기 은행이 있습니까?

Există o bancă aici?
엑지스터 오 반커 아이치

이 곳 어디에서 환전을 할 수 있습니까?

Unde se pot schimba bani aici?
운데 세 포트 스킴바 바니 아이치

여기에서 가장 가까운 환전소는 어디에 있습니까?

Unde este un birou de schimb prin apropiere?
운데 예스테 운 비로우 데 스킴브 프린 아프로피에레

여행자 수표를 바꾸어 주실 수 있습니까?

Pot încasa nişte cecuri de voiaj?
포트 은카사 니슈테 체쿠리 데 보이아지

나는 달러를 환전하고 싶습니다.

Vreau să schimb nişte dolari.
브레아우 서 스킴브 니슈테 돌라리

여기서 외화를 루마니아 화폐인 레이로 환전할 수 있습니까?

Pot schimba aici valută străină în lei?
포트 스킴바 아이치 발루터 스트러이너 은 레이

나는 100달러를 레이로 바꾸고자 합니다.

Aş vrea să schimb o sută de dolari în lei.
아슈 브레아 서 스킴브 오 수터 데 돌라리 은 레이

나는 10,000 레이를 독일 마르크로 바꾸고자 합니다.

Aş vrea să schimb zece mii de lei în mărci germane.
아슈 브레아 서 스킴브 제체 미 데 레이 은 머르치 제르마네

나는 잔돈들이 필요합니다.

Am nevoie de nişte mărunţis.
암 네보이에 데 니슈테 머룬치스

환율이 어떻게 됩니까?

Care este cursul?
카레 예스테 쿠르술

돈을 입금시키려고 합니다.

Aş vrea să depun bani.
아슈 브레아 서 데푼 바니

돈을 출금하려고 합니다.

Aş vrea să ridic bani.
아슈 브레아 서 리딕 바니

나는 귀 은행에서 계좌를 개설하려고 합니다.

Aş vrea să deschid un cont la dumneavoastră.
아슈 브레아 서 데스키드 운 콘트 라 둠네아보아스트러

나는 ~로부터 입금을 기다리고 있습니다.

Aştept un transfer bancar din~.
아슈텝트 언 트란스페르 반카르 딘

내 계좌에서 백 오십만 레이를 인출하려 합니다.

Aş dori să scot un milion cinci sute de mii de lei din contul meu.
아슈 도리 서 스코트 운 밀리온 친치 수테 데 미 데 레이 딘 콘툴 메우

여기에 이서 좀 해주시겠습니까?
V-aş ruga să semnaţi aici pe verso.
바슈 루가 서 셈나치 아이치 페 베르소

3. 낱말 풀이(Cuvinte)

bancă f. 은행
반커

birou(casă) de schimb 환전소
비로우(카사) 데 스킴브

cec de voiaj 여행자 수표
체크 데 보이아지

dolar m. 달러
돌라르

lei pl. 레이(루마니아 화폐 단위)
레이

numerar n. 현찰
누메라르

plată în numerar 현금 지불
플라터 은 누메라르

cec n. 수표
첵

mărunţiş n. 잔돈
머룬치슈

bancnotă f. 지폐
반크노터

monedă f. 동전
모네더

valută străină 외화
발루터 스트러이너

curs de schimb 환율
쿠르스 데 스킴브

ordin de plată 지급 명령
오르딘 데 플라터

carte de credit 신용 카드
카르테아 데 크레디트

distribuitorul automat de bancnote 자동 인출기
디스트리부이토룰 아우토마트 데 반크노테

plată f. 지급, 지불, 임금, 벌금
플라터

îndoială f. 의심
은도이알러

ajutor n. 도움
아주토르

4. 문법(Gramatică)

1)부정 대명사 및 형용사(Pronumele şi adjectivul nehotărât)

câtva 약간(의)

<table>
<tr><th colspan="2" rowspan="2">수 성 / 격</th><th colspan="3">단수</th><th colspan="3">복수</th></tr>
<tr><th>남성</th><th>중성</th><th>여성</th><th>남성</th><th>중성</th><th>여성</th></tr>
<tr><td rowspan="2">주격
목적격</td><td>대명사</td><td colspan="3">-</td><td rowspan="2">câţiva</td><td colspan="2" rowspan="2">câteva</td></tr>
<tr><td>형용사</td><td colspan="2">câtva</td><td>câtăva</td></tr>
<tr><td rowspan="2">소유격
여격</td><td>대명사</td><td colspan="3" rowspan="2">-</td><td colspan="3" rowspan="2">câtorva</td></tr>
<tr><td>형용사</td></tr>
</table>

예:

El a fost câtva timp la mine.

Am locuit acolo câtăva vreme.

Au venit câţiva specialişti din Japonia.

Am citit câteva romane poliţiste.

Am scris câtorva prieteni.

제 11 과 우체국에서(La oficiul poştal)

1. 대화(Dialog)

Funcţionarul : Bună ziua. Ce doriţi, vă rog?
풍치오나룰 부너 지우아 체 도리치 버 록

Domnul Kim : Vreau să expediez o scrisoare în Coreea.
돔눌 김 브레아우 서 엑스페디에즈 오 스크리소아레 은 코레아

Funcţionarul : Vreţi să expediaţi o scrisoare simplă sau
브레치 서 엑스페디아치 오 스크리소아레 심플러 사우

recomandată?
레코만다터

Domnul Kim : Vreau să trimit o scrisoare recomandată
브레아우 서 트리미트 오 스크리소아레 레코만다터

par avion.
파르 아비온

Funcţionarul : Trebuie să scrieţi adresa destinatarului şi
트레부이에 서 스크리에치 아드레사 데스티나타룰루이 쉬

adresa expeditorului pe plic şi să lipiţi un
아드레사 엑스페디토룰루이 페 플릭 쉬 서 리피치 운

timbru de cinci mii de lei.
팀브루 데 친치 미 데 레이

Domnul Kim : În câte zile ajunge scrisoarea?
은 크테 질레 아준제 스크리소아레아

Funcţionarul : Scrisoarea ajunge în cel mult cinci zile.
스크리소아레아 아준제 은 첼 물트 친치 질레

Doriţi să aveţi şi confirmarea de primire?
도리치 서 아베치 쉬 콘피르마레아 데 프리미레

Domnul Kim : Da, dacă se poate.
다 다커 세 포아테

Funcţionarul : Atunci trebuie să mai scrieţi încă o dată adresa
아툰치 트레부이에 서 마이 스크리에치 은커 오 다터 아드레사

destinatarului şi a expeditorului pe acest
데스티나타룰루이 쉬 아 엑스페디토룰루이 페 아체스트

formular şi să mai plătiţi în plus trei mii
포르물라르 쉬 서 마이 플러티치 은 플루스 트레이 미

de lei.
데 레이

Domnul Kim : Desigur, imediat voi completa formularul.
데시구르 이메디아트 보이 콤플레타 포르물라룰

직원 : 안녕하십니까. 무엇을 원하십니까?

김씨 : 한국에 편지 한 통을 보내려고 합니다.

직원 : 일반 우편으로 보내시겠습니까? 아니면 등기로 보내시겠습니까?

김씨 : 항공 등기 우편으로 보내려고 합니다.

직원 : 수취인과 발송인의 주소를 편지 봉투에 쓰시고 오천 레이의 우표를 붙여주셔야 합니다.

김씨 : 편지는 며칠 후에 도달합니까?

직원 : 편지는 늦어야 오일 후면 도착할 것입니다. 발송 증명서를 원하십니까?

김씨 : 예, 가능하다면요.

직원 : 그러시면 이 양식에 다시 한번 수취인과 발송인 주소를 적어 주시고 추가로 삼 천 레이를 지불하셔야 합니다.

김씨 : 물론이죠, 즉시 양식에 기입하겠습니다.

2. 유용한 표현(Expresiile uzuale)

여기서 가장 가까운 전신 전화국이 어디 있습니까?
Unde-i cel mai apropiat oficiu poştal?
운데 이 첼 마이 아프로피아트 오피치우 포슈탈

편지 한 장을 한국에 보내려고 합니다.
Aş vrea să expediez o scrisoare în Coreea.
아슈 브레아 서 엑스페디에즈 오 스크리소아레 은 코레아

이 편지를 등기 우편으로 보내려고 합니다.
Vreau să trimit această scrisoarea recomandată.
브레아우 서 트리미트 아체아스터 스크리소아레아 레코만다터

이 소포를 한국으로 보내려고 합니다.
Aş vrea să trimit pachetul acesta în Coreea.
아슈 브레아 서 트리미트 파케툴 아체스타 은 코레아

나는 이 소포를 보험에 가입하려고 합니다.
Vreau să expediez coletul cu valoare declalată.
브레아우 서 엑스페디에즈 콜레툴 쿠 발로아레 데클라라터

전보 용지 한 장만 주십시오.
Vă rog să-mi daţi o blanchetă de telegramă.
버 록 서 미 다치 오 블란케터 데 텔레그라머

나는 부쿠레슈티에 전보를 보내려고 합니다.
Vreau să trimit o telegramă la Bucureşti.
브레아우 서 트리미트 오 텔레그라머 라 부쿠레슈티

그 전보를 급전으로 보내주세요.

Vă rog să daţi telegrama urgentă.
버 록 서 다치 텔레그라마 우르젠터

나에게 그림 엽서 몇 장만 주실 수 있습니까?

Puteţi să-mi daţi câteva vederi?
푸테치 서 미 다치 크테바 베데리

나에게 항공우편용 우표를 주실 수 있습니까?

Puteţi să-mi daţi timbre pentru străinătate?
푸테치 서 미 다치 팀브레 펜트루 스트러이너타테

엽서 한 장만 주세요!

Daţi-mi, vă rog, o carte poştală!
다치 미 버 록 오 카르테 포슈탈러

여기 있습니다!

Poftiţi!
포프티치

이것은 얼마입니까?

Cât costă asta?
크트 코스터 아스타

모두 얼마입니까?

Cât costă în total?
크트 코스터 은 토탈

여기 우편함이 어디 있습니까?

Unde-i o cutie pentru scrisori?
운데 이 오 쿠티에 펜트루 스크리소리

어디서 전화를 걸 수 있습니까?

Unde pot da un telefon?
운데 포트 다 운 텔레폰

한국에 국제 전화를 하려고 합니다.

Vreau să comand o convorbire externă cu Coreea.
브레아우 서 코만드 오 콘보르비레 엑스테르너 쿠 코레아

여보세요!

Alo!
알로

(거기) 김씨 댁이죠?

Casa (=Familia) Kim?
카사 파밀리아 김

저는 라두 오프레스쿠 입니다.

La telefon, Radu Oprescu.
라 텔레폰 라두 오프레스쿠

La telefon este (=vorbeşte) Radu Oprescu.
라 텔레폰 예스테 보르베슈테 라두 오프레스쿠

포페스쿠 교수님과 통화를 하고 싶습니다.

Aş vrea să vorbesc cu domnul profesor Popescu.
아슈 브레아 서 보르베스쿠 쿠 돔눌 프로페소르 포페스쿠

김 선생님과 통화할 수 있습니까?

Vă rog, pot să vorbesc cu domnul Kim?
버 록 포트 서 보르베스크 쿠 돔눌 김

물론이죠. 잠깐만 기다리십시오!

Desigur. aşteptaţi un moment, vă rog!
데시구르 아슈텝타치 운 모멘트 버 록

끊지 말고 계십시오!

Rămâneţi la aparat, vă rog!
러므네치 라 아파라트 버 록

지금 부재중입니다.

Lipseşte momentan (de aici).
립세슈테 모멘탄 데 아이치

다시 한 번 걸어주십시오.

Mai chemaţi o dată.
마이 케마치 오 다터

30 분 후에 전화를 걸어주십시오.

Telefonaţi, vă rog, peste o jumătate de oră.
텔레포나치 버 록 페스테 오 주머타테 데 오러

잘못 걸으셨습니다.

Aţi greşit numărul.
아치 그레쉬트 누머룰

죄송합니다.

Scuzaţi, vă rog.
스쿠자치 버 록

3. 낱말 풀이(Cuvinte)

poştă
포슈터
f. 우편, 우체국

oficiu
오피치우
n. 관공서, 사무실

oficiul poştal
오피치울 포슈탈
우체국

expeditor
엑스페디토르
m. 발송인

destinatar
데스티나타르
m. 수취인

adresă
아드레서
f. 주소

ilustrată 일루스트라터	f. 그림 엽서
carte poştală 카르테 포슈탈러	우편 엽서
destinaţie 데스티나치에	f. 목적지
scrisoare 스크리소아레	f. 편지
scrisoare simplă 스크리소아레 심플러	일반 우편
scrisoare recomandată 스크리소아레 레코만다터	등기 우편
imprimate 임프리마테	pl. 인쇄물
pachet 파케트	n. 소포
colet 콜레트	n. 소포
timbru 팀브루	n. 우표
plic 플릭	n. 편지 봉투
cutie pentru scrisori 쿠티에 펜트루 스크리소리	우편함

4. 문법(Gramatică)

1) 미래 시제(Timpul viitor): a voi + inf.

루마니아어의 문어체 미래시제는 이미 앞에서 설명한 바와 같이 조동사 a voi + 본동사의 부정형으로 나타내어진다.

예: a completa 동사의 미래 시제
Eu voi completa formularul.
Tu vei completa formularul..
El/Ea va completa formularul..
Noi vom completa formularul..
Voi veti completa formularul..
Ei/El vor completa formularul..

2) 지시 대명사 및 형용사(Pronumele şi adjectivul demonstrativ): acesta 이(것)

지시 형용사로 사용될 경우 명사 뒤에 위치할 수도 있고, 명사 앞에 올 수도 있다. 명사 앞에 올 경우엔 어미 -a 가 생략된 형태가 사용된다.

<table>
<tr><th>수 \ 성</th><th>남성</th><th>중성</th><th>여성</th></tr>
<tr><td>단수</td><td colspan="2">acest(a)</td><td>această
(aceasta)</td></tr>
<tr><td>복수</td><td>aceşti(a)</td><td colspan="2">aceste(a)</td></tr>
</table>

예:

acest băiat	=	băiatul acesta	이 소년
această fată	=	fata aceasta	이 소녀
aceşti băieţi	=	băieţii aceştia	이 소년들
aceste fete	=	fetele acestea	이 소녀들

제 12 과 병원에서(La doctor)

1. 대화(Dialog)

Domnul Yi : Bună ziua, domnule doctor.
돔눌 이 부너 지우아 돔눌레 독토르

Doctorul : Bună ziua domnule Yi. Ce s-a întâmplat?
독토룰 부너 지우아 돔눌레 이 체 사 은틈플라트

Domnul Yi : De câteva zile nu mă simt prea bine.
데 크테바 질레 누 머 심트 프레아 비네

Doctorul : Ce vă doare?
체 버 도아레

Domnul Yi : Mă doare capul, tuşesc des şi strănut.
머 도아레 카풀 투셰스쿠 데스 쉬 스트러누트

Doctorul : Vă rog să vă scoateţi cămaşa. Vreau să vă
버 록 서 버 스코아테치 커마샤 브레아우 서 버

examinez şi să vă iau temperatura şi tensiunea.
엑자미네즈 쉬 서 버 이아우 템페라투라 쉬 텐시우네아

Domnul Yi : Mă doare şi în gât când înghit.
머 도아레 쉬 은 크트 큰드 은기트

Doctorul : Dechideţi vă rog gura şi spuneţi aaa! Da, aveţi
데스키데치 버 록 구라 쉬 스푸네치 아아아! 다 아베치

gâtul puţin iritat. Fumaţi?
크툴 푸친 이리타트 푸마치

Domnul Yi : Nu, nu fumez, însă am băut apă rece.
누 누 푸메즈 은서 암 버우트 아퍼 레체

Doctorul : Trebuie să beţi multe ceaiuri calde şi să staţi câteva
트레부이에 서 베치 물테 차이우리 칼데 쉬 서 스타치 크테바

zile în casă. Aveţi o gripă uşoară.
질레 은 카서 아베치 오 그리퍼 우쇼아러

Dacă apar complicaţii, reveniţi la control.
다커 아파르 콤플리카치 레베니치 라 콘트롤

Domnul Yi : Trebuie să iau şi medicamente?
트레부이에 서 이아우 쉬 메디카멘테

Doctorul : Dacă aveţi dureri mari de cap puteţi lua tablete
다커 아베치 두레리 마리 데 캅 푸테치 루아 타블레테

antigripale. Vă scriu imediat o reţetă şi pentru
안티그리팔레 버 스크리우 이메디아트 오 레체터 쉬 펜트루

un sirop de tuse.
운 시롭 데 투세

Domnul Yi : Trebuie să ţin regim?
트레부이에 서 친 레짐

Doctorul : Puteţi mânca orice, dar e bine să consumaţi cât
푸테치 믄카 오리체 다르 예 비네 서 콘수마치 크트

mai multe fructe, mai ales citrice, portocale şi
마이 물테 프룩테 마이 알레스 치트리체 포르토칼레 쉬

lămâi.
러므이

이씨 : 안녕하십니까? 의사 선생님.

의사 : 안녕하십니까? 이 선생님. 무슨 일이시죠?

이씨 : 며칠 전부터 몸 상태가 썩 좋지가 않습니다.

의사 : 어디가 아프십니까?

이씨 : 머리가 아프고, 기침을 자주하며, 재채기가 나옵니다.

의사 : 샤츠를 벗어 보시죠. 진찰을 해보고, 체온과 혈압을 재보려고 합니다.

이씨 : 그리고 침을 삼킬 때 목도 아픕니다.

의사 : 입을 열어 보시고, 아아아 해보세요! 예, 그렇군요. 목에 약간의 염증이 있습니다. 담배를 피우시나요?

이씨 : 아뇨, 담배는 안 피웁니다. 그런데 찬물을 마셨습니다.

의사 : 따듯한 차를 많이 드시고 며칠간 집에서 쉬셔야 합니다. 가벼운 독감 증세가 있습니다. 만일 합병증세가 나타나면, 다시 오셔서 검진을 받으시죠.

이씨 : 약도 복용해야 합니까?

의사 : 두통이 심하시면 독감 약을 드실 수 있습니다. 당신에게 곧 기침약과 함께 처방을 써 드리겠습니다.

이씨 : 식이 요법도 해야 됩니까?

의사 : 음식은 아무 것이나 드셔도 됩니다. 그러나 가급적이면 과일을 많이 드시고, 특히 귤이나 오렌지 및 레몬을 많이 드시는 것이 좋습니다.

2. 유용한 표현(Expresiile uzuale)

종합병원이 어디 있습니까?
Unde-i policlinica?
운데 이 폴리클리니카

의사의 진찰을 받아야 할 것 같습니다.

Trebuie să consult un medic.
트레부이에 서 콘술트 운 메딕

의사를 불러 주세요!

Chemaţi un doctor!
케마치 운 독토르

어디가 아픕니까?

Ce vă doare?
체 버 도아레

나는 몸이 아픕니다.

Sunt bolnav.
순트 볼나브

Mă simt rău.
머 심트 러우

나는 어제 감기에 걸렸습니다.

Am răcit ieri.
암 러치트 이에리

나는 열이 있습니다.

Am febră.
암 페브러

머리가 아픕니다.

Mă doare capul.
머 도아레 카풀

여기가 아픕니다.

Mă doare aici.
머 도아레 아이치

나는 배탈이 났습니다.

Mi-am deranjat stomacul.
미 암 데란자트 스토마쿨

소화가 잘 안됩니다.

Digerez rău.
디제레즈 러우

속이 자주 메슥거립니다.

Deseori îmi vine rău.
데세오리 으미 비네 러우

잠을 잘 수가 없습니다.

Nu pot dormi.
누 포트 도르미

입을 열어 보세요!

Deschideţi gura!
데스키데치 구라

혀를 보여 주세요!

Arătaţi limba!
아러타치 림바

혈액/소변 검사 좀 해봐야 합니다.

Trebuie să vi se facă o analiză a sângelui/urinei.
트레부이에 서 비 세 파커 오 아날리저 아 슨젤루이/우리네이

그다지 심각한 것은 아닙니다.

Nu-i nimic grav.
누-이 니믹 그라브

휴식을 취하셔야 합니다.

Trebuie să vă menajaţi.
트레부이에 서 버 메나자치

당신에게 약 처방을 써 드리겠습니다.

Vă prescriu un medicament.
버 프레스크리우 운 메디카멘트

당신에게 주사를 한 대 놓아 드리겠습니다.

Vă fac o injecţie.
버 팍 오 인젝치에

지시한 대로 모든 약들을 잘 복용하셔야 합니다.

Să luaţi toate doctoriile aşa cum am indicat.
서 루아치 토아테 독토릴레 아샤 쿰 암 인디카트

며칠후면 회복되실 것입니다.

În căteva zile o să fiţi din nou sănătos!
은 크테바 질레 오 서 피치 딘 노우 서너토스

3. 낱말 풀이(Cuvinte)

cap
캅
n. 머리

păr
퍼르
m. 머리카락

frunte
프룬테
f. 이마

sprănceană
스프른체아너
f. 눈썹

ochi
오키
m. 눈

nas
나스
n. 코

ureche
우레케
f. 귀

gură
구러
f. 입

buză 부저	f. 입술
dinte 딘테	m. 이
limbă 림버	f. 혀
obraz 오브라즈	n. 뺨
gât 그트	n. 목
ceafă 체아퍼	f. 목덜미
umăr 우머르	m. 어깨
piept 피엡트	n. 가슴
spate 스파테	n. 등
burtă 부르터	f. 배
inimă 이니머	f. 심장
stomac 스토막	n. 위
ficat 피카트	m. 간
rinichi 리니키	m. 신장

intestin 인테스틴	n. 장
intestinul gros 인테스티눌 그로스	대장
intestinul subţire 인테스티눌 숩치레	소장
braţ 브라츠	n. 팔
cot 코트	n. 팔꿈치
mână 므너	f. 손
palmă 팔머	f. 손바닥
pumn 품	m. 주먹
deget 데제트	n. 손가락
unghie 웅기에	f. 손톱
picior 피치오르	n. 다리
genunchi 제눈키	m. 무릎
os 오스	n. 뼈
muşchi 무슈키	m. 근육

doctor 독토르	m. 의사, 박사
medic 메딕	m. 의사
spital 스피탈	n. 병원
policlinică 폴리클리니커	f. 종합병원
pacient 파치엔트	m. 환자
consultaţie 콘술타치에	f. 진료
diagnostic 디아그노스틱	n. 진단
boală 보알러	f. 병
gripă 그리퍼	f. 독감
răceală 러체알러	f. 감기
guturai 구투라이	n. 콧물감기
rană 라너	f. 상처
tuse 투세	f. 기침
indigestie 인디제스티에	f. 소화불량
injecţie 인젝치에	f. 주사

4. 문법(Gramatică)

1) a durea 동사(Verbul a durea):

루마니아어에선 '~가 아프다' 라는 표현으로 비 인칭 타동사 인 a durea(아프게 하다) 동사를 사용하여 어느 신체 부위가 문법상의 주어가 되는 형식을 취하여 나타낸다.

예: 신체 부위가 단수인 경우

Mă doare capul.	나는 머리가 아프다.
Te doare capul.	너는 머리가 아프다.
Îl doare capul.	그는 머리가 아프다.

예: 신체 부위가 복수인 경우

Mă dor picioarele.	나는 다리가 아프다.
Te dor picioarele.	너는 다리가 아프다.
Îl dor picioarele.	그는 다리가 아프다.

2) 동사의 활용(Conjugarea verbelor)

직설법 현재(Modul indicativ, timpul prezent)

a durea vt. 아프게 하다	a bea vi., vt. 마시다
1. mă doare/dor	beau
2. te doare/dor	bei
3. îl,o doare/dor	bea
4. ne doare/dor	bem
5. vă doare/dor	beţi
6. îi, le doare/do	beau

a tuşi vi. 기침하다
1. tuşesc
2. tuşeşti
3. tuşeşte
4. tuşim
5. tuşiţi
6. tuşesc

a strănuta vi. 재채기하다
strănut
strănuţi
strănută
strănutăm
strănutaţi
strănută

a fuma vi., vt. 흡연하다
1. fumez
2. fumezi
3. fumează
4. fumăm
5. fumaţi
6. fumează

a examina vt. 검사하다
examinez
examinezi
examinează
examinăm
examinaţi
examinează

a se simţi vr. 느끼다
1. mă simt
2. te simţi
3. se simte
4. ne simţim
5. vă simţit
6. se simt

a înghiţi vi., vt. 삼키다
înghit
înghiţi
înghite
înghiţim
înghiţit
înghit

a scoate vt. 벗기다, 뽑다
1. scot
2. scoţi
3. scoate
4. scoatem
5. scoateţi
6. scot

a scrie vt. 쓰다
scriu
scrii
scrie
scriem
scrieţi
criu

a apărea vi. 나타나다	a lua vt. 갖다, 사다
1. apar	iau
2. apari	iei
3. apare	ia
4. apărem	luăm
5. apăreţi	luaţi
6. apar	iau

a ţine vt. 보유하다	a mânca vt. 먹다
1. ţin	mănânc
2. ţii	mănânci
3. ţine	mănâncă
4. ţinem	mâncăm
5. ţineţi	mâncaţi
6. ţin	mănâncă

제 13 과 약국에서(La farmacie)

1. 대화(Dialog)

Farmacistul : Bună ziua. Cu ce vă putem ajuta?
파르마치스툴 부너 지우아 쿠 체 버 푸템 아주타

Domnul Kim : Bună ziua. Doctorul mi-a recomandat să
돔눌 김 부너 지우아 독토룰 미 아 레코만다트 서

beau multe ceaiuri calde şi mi-a prescris aceste
베아우 물테 차이우리 칼데 쉬 미아 프레스크리스 아체스테

medicamente.
메디카멘테

Farmacistul : Da, sunt tablete antigripale care scad febra.
다 순트 타블레테 안티그리팔레 카레 스카드 페브라

Aveţi gripă?
아베치 그리퍼

Domnul Kim : Da, am o gripă uşoară.
다 암 오 그리퍼 우쇼아러

Farmacistul : Văd că v-a prescris şi un sirop de tuse.
버드 커 바 프레스크리스 쉬 운 시롭 데 투세

Vi-l prepar imediat. Aşteptaţi un moment.
빌 프레파르 이메디아트 아슈텝타치 운 모멘트

Domnul Kim : Care sunt cele mai bune ceaiuri împotriva
카레 순트 첼레 마이 부네 차이우리 음포트리바

gripei?
그리페이

Farmacistul : De obicei, sunt recomandate ceaiurile din
데 오비체이 순트 레코만다테 차이우릴레 딘

plante medicinale.
플란테 메디치날레

Domnul Kim : Cum trebuie să iau siropul de tuse?
쿰 트레부이에 서 이아우 시로풀 데 투세

Farmacistul : Este bine să luaţi siropul de tuse de trei ori
예스테 비네 서 루아치 시로풀 데 투세 데 트레이 오리

pe zi, după fiecare masă. Vă doresc însănătoşire
페 지 두퍼 피에카레 마서 버 도레스크 은서너토쉬레

grabnică!
그라브니커

Domnul Kim : Mulţumesc foarte mult!
물추메스크 포아르테 물트

약사 : 안녕하십니까? 무엇으로 당신을 도와 드릴 수 있겠습니까?

김씨 : 안녕하십니까? 의사가 저에게 따듯한 차를 많이 마시라고 하면서, 이 약 처방을 써 주었습니다.

약사 : 예, 해열시키는 독감 약이군요. 독감에 걸리셨습니까?

김씨 : 예, 가벼운 독감 증세가 있습니다.

약사 : 기침약도 써드린 것 같군요. 즉시 조제해드리겠습니다. 잠시만 기다려 주십시오.

김씨 : 독감에 가장 좋은 차가 어떤 것입니까?

약사 : 대개는 약초로 된 차들을 권하는데요.

김씨 : 기침약은 어떻게 복용해야 하나요?

약사 : 하루에 세 번 식후에 드시는 것이 좋습니다. 쾌차 하시기

를 바랍니다.

김씨 : 대단히 감사합니다.

2. 유용한 표현(Expresiile uzuale)

이 근처에 약국이 어디 있습니까?

Unde-i cea mai apropiată farmacie?
운데 이 체아 마이 아프로피아터 파르마치에

어느 약국이 밤에도 영업을 합니까?

Ce farmacie este de serviciu în noaptea aceasta?
체 파르마치에 예스테 데 세르비치우 은 노압테아 아체아스타

나는 의사의 한 처방전을 가지고 있습니다.

Am o reţetă.
암 오 레체터

나는 어떤 항생물질에 알레르기 체질입니다.

Sunt alergic la anumite antibiotice.
순트 알레르직 라 아누미테 안티비오티체

나는 너무 독한 약은 원치 않습니다.

Nu vreau ceva prea puternic.
누 브레아우 체바 프레아 푸테르닉

이 약을 좀 주실 수 있습니까?

Îmi puteţi da acest medicament?
으미 푸테치 다 아체스트 메디카멘트

그것을 언제 받을 수 있습니까?

Când pot să-l găsesc?
큰드 포트 설 거세스크

그 약을 준비하기까지 한 시간 정도 기다리셔야 합니다.

Trebuie să aşteptaţi mai bine de o oră până ce o prepar.
트레부이에 서 아슈텝타치 마이 비네 데 오 오러 프너 체 오 프레파르

사정이 급합니다. 사람이 위독합니다.

Este un caz urgent. Omul este în pericol.
예스테 운 카즈 우르젠트 오물 예스테 은 페리콜

저에게 수면제 좀 주실 수 있습니까?

Îmi puteţi da ceva de dormit/ un somnifer?
으미 푸테치 다 체바 데 도르미트/ 운 솜니페르

저는 아스피린 몇 알이 필요합니다.

Am nevoie de câteva aspirine.
암 네보이에 데 크테바 아스피리네

안됩니다, 단지 의사의 처방전만으로...

Nu, numai cu reţeta medicului...
누 누마이 쿠 레체타 메디쿨루이

하루에 몇 알씩 먹어야 합니까?

Câte tablete/pilule trebuie să iau pe zi?
크테 타블레테/필룰레 트레부이에 서 이아우 페 지

이 약을 식전에 먹어야 합니까? 혹은 식후에...?

Doctoria trebuie luată înaintea meselor sau după?
독토리아 트레부이에 루아터 으나인테아 메셀로르 사우 두퍼

이 약을 하루에 세 번 식후 30분마다 드십시오.

Luaţi acest medicament la jumătate de oră după fiecare
루아치 아체스트 메디카멘트 라 주머타테 데 오러 두퍼 피에카레

masă în fiecare zi.
마서 은 피에카레 지

이 약 한 알을 따듯한 물 한 컵과 함께 드십시오.

Luaţi o pastilă cu un pahar de apă caldă.
루아치 오 파스틸러 쿠 운 파하르 데 아퍼 칼더

이것은 어린아이에게나 어른들에게도 다 좋습니다.

Este bun atât pentru copii cât şi pentru adulţi.
예스테 분 아트트 펜트루 코피 크트 쉬 펜트루 아둘치

복용하기 전에 병을 흔들어 주는 것을 잊지 마세요!

Nu uitaţi să agitaţi sticla înainte de întrebuinţare!
누 우이타치 서 아지타치 스티클라 으나인테 데 은트레부인차레

시원한 곳에 보관할 것!

A se păstra la rece!
아 세 퍼스트라 라 레체

3. 낱말 풀이(Cuvinte)

farmacie — f. 약국
파르마치에

medicament — n. 의약(품)
메디카멘트

doctorie — f. 약
독토리에

pastilă — f. 정제
파스틸러

tabletă — f. 정제
타블레터

alifie — f. 연고
알리피에

unguent — n. 연고
운구엔트

vată — f. 탈지면
바터

spirt 스피르트	n. 소독약
pansament 판사멘트	n. 붕대
termometru 테르모메트루	n. 체온계, 온도계
aspirină 아스피리너	f. 아스피린
vitamine 비타미네	pl. 비타민
antinevralgic 안티네브랄직	adj., n. 항신경통의(약)
antibiotic 안티비오틱	adj., n. 항생의, 항생물질
antigripal 안티그리팔	adj. 독감치료의
sirop 시롭	n. 시럽
calmant 칼만트	n. 진정제
analgezic 아날제직	n. 진통제
somnifer 솜니페르	n. 수면제
însănătoşire 은서너토쉬레	f. 치유, 회복
gripă 그리퍼	f. 독감

răceală f. 감기
러체알러

tuse f. 기침
투세

medicinal adj. 의약의, 약용의
메디치날

grabnic adj. 빠른, 급한
그라브닉

4. 문법(Gramatică)

1) 인칭대명사(Pronumele personal)

<table>
<tr><th rowspan="2">인칭 / 격</th><th rowspan="2">1.</th><th rowspan="2">2.</th><th colspan="2">3.</th><th rowspan="2">4.</th><th rowspan="2">5.</th><th colspan="2">6.</th></tr>
<tr><th>남성</th><th>여성</th><th>남성</th><th>여성</th></tr>
<tr><td>주격</td><td>eu</td><td>tu</td><td>el</td><td>ea</td><td>noi</td><td>voi</td><td>ei</td><td>ele</td></tr>
<tr><td>소유격</td><td>-</td><td>-</td><td>lui</td><td>ei</td><td>-</td><td>-</td><td colspan="2">lor</td></tr>
<tr><td rowspan="2">여격</td><td>mie</td><td>ţie</td><td>lui</td><td>ei</td><td>nouă</td><td>vouă</td><td colspan="2">lor</td></tr>
<tr><td>îmi
-mi-</td><td>îţi
-ti-</td><td colspan="2">îi, -i-</td><td>-ne-
-ni-</td><td>-vă,
v-,
-vi-</td><td colspan="2">-le-, -li-</td></tr>
<tr><td rowspan="2">목적격</td><td>mine</td><td>tine</td><td>el</td><td>ea</td><td>noi</td><td>voi</td><td>ei</td><td>ele</td></tr>
<tr><td>-mă,
m-</td><td>-te-</td><td>îl, -l,
l-</td><td>-o</td><td>-ne-</td><td>-vă, v-</td><td>îi, -i,
i-</td><td>-le-</td></tr>
</table>

2) 인칭대명사의 위치(Poziţia formelor pronominale)

① 직설법에서 인칭대명사 비 강세형의 위치는 동사 또는 조동사 앞에 온다. 단 여성 3 인칭 단수 목적격 형태인 'o' 는 복합과거 시제에서 동사 뒤에 접어 형태로 온다.

예: Mă aşteaptă.
M-a aşteptat.
Îl aşteptam.
Mă poţi aştepta?
Îl aştepţi?
Nu, nu-l aştept.
Am aşteptat-o.

② 접속법에서도 인칭대명사의 위치는 동사의 앞에 온다.

예: Să mă aştepţi aici.
Să nu mă aştepţi aici.
Nu o să-l aştept.

③ 긍정 명령법에서 인칭대명사의 위치는 동사 뒤에 온다.

예: Aşteaptă-mă!
Cheamă-l!

④ 부정 명령법에선 동사의 앞에 온다.

예: Nu mă aşteaptă!
Nu-l cheamă!

⑤ 현재분사 구문에서 인칭대명사의 위치는 동사 뒤에 온다.

예: Aşteptându-mă, citeşte.
Văzându-l, mă bucur.

제 14 과 이발소에서(La frizer)

1. 대화(Dialog)

Domnul Kim : Domnule, am mult de aşteptat?
돔눌 김 돔눌레 암 물트 데 아슈텝타트

Sunt foarte grăbit.
순트 포아르테 그러비트

Frizerul : Vă rog să luaţi loc! Cu ce vă pot servi?
프리제룰 버 록 서 루아치 록 쿠 체 버 포트 세르비

Domnul Kim : Vreau să-mi spălaţi părul şi să-l tundeţi.
브레아우 서 미 스펄라치 퍼룰 쉬 설 툰데치

Frizerul : Cum doriţi să vă tund?
쿰 도리치 서 버 툰드

Domnul Kim : Vă rog să-mi tundeţi puţin părul. E cam lung.
버 록 서 미 툰데치 푸친 퍼룰 예 캄 룽

Dar să nu-mi tăiaţi prea mult, vă rog!
다르 서 누 미 터이아치 프레아 물트 버 록

Frizerul : Nu fiţi îngrijorat, o să tai numai cât trebuie.
누 피치 은그리조라트 오 서 타이 누마이 크트 트레부이에

Mai aveţi vreo dorinţă?
마이 아베치 브레오 도린처

Domnul Kim : Nu, mulţumesc, asta-i tot.
누 물추메스크 아스타 이 토트

Frizerul : Într-o oră sunteţi gata. Aşa e bine?
은트로 오러 순테치 가타 아샤 예 비네

Domnul Kim : Da, e foarte bine.
다 예 포아르테 비네

김씨 : 많이 기다려야 하나요? 내가 몹시 바쁜데요.

이발사 : 앉으십시오! 어떻게 해 드릴까요?

김씨 : 머리를 감고 이발 좀 해주시고 손톱 좀 다듬어 주세요!

이발사 : 이발은 어떻게 해 드릴까요?

김씨 : 머리가 너무 긴 것 같은데 조금만 쳐주세요. 그러나 너무 많이 자르지는 마세요.

이발사 : 염려 마세요. 저는 필요한 만큼만 자릅니다. 원하시는 것이 또 있습니까?

김씨 : 아닙니다, 감사합니다. 그게 전부입니다.

이발사 : 한 시간 내로 해드리면 괜찮으시겠습니까?

김씨 : 예, 매우 좋습니다.

2. 유용한 표현(Expresiile uzuale)

① 미용실

오래 기다려야 하나요?

Am mult de aşteptat?
암 물트 데 아슈텝타트

앉으십시오!

Vă rog să luaţi loc!
버 록 서 루아치 록

어떻게 해 드릴까요?

Cu ce vă pot servi?
쿠 체 버 포트 세르비

머리를 감고 조발 좀 해 주세요!

Vă rog să-mi spălaţi părul şi să-l coafaţi!
버 록 서 미 스펄라치 퍼룰 쉬 설 코아파치

잠시만 기다리셔야 되겠습니다.

Trebuie să aveţi o clipă răbdare.
트레부이에 서 아베치 오 클리퍼 러브다레

그렇다면 내일 좀 해 주실 수 있습니까?

Puteţi să-mi rezervaţi un loc pentru mâine?
푸테치 서 미 레제르바치 운 록 펜트루 므이네

어떤 머리형을 원하십니까?

Ce coafură doriţi?
체 코아푸러 도리치

머리를 좀 더 짧게 깍아 주세요.

Vă rog să scurtaţi puţin părul.
버 록 서 스쿠르타치 푸친 퍼룰

윗 부분만 조금 쳐주세요.

Vă rog să tăiaţi numai vârfurile.
버 록 서 터이아치 누마이 브르푸릴레

귀가 나오도록 해주세요.

Urechile să rămână libere.
우레킬레 서 러므너 리베레

가르마를 가운데에 원하십니까?

Doriţi cărarea la mijloc?
도리치 커라레아 라 미즈록

가르마를 왼쪽에 해주세요.

Vă rog faceţi cărare pe stânga.
버 록 파체치 커라레 페 스틍가

가르마를 없이 해주세요.

Fără cărare, vă rog.
퍼러 커라레 버 록

머리를 ~색으로 염색하고 싶습니다.

Vreau să-mi vopsesc părul ~ .
브레아우 서 미 봅세스크 퍼룰

② 이발소

다음 순서가 어느 분이십니까?

Cine-i următorul?
치네 이 우르머토룰

이제 내 순서이군요.

Acum e rândul meu.
아쿰 예 른둘 메우

이발과 면도를 하시겠습니까?

Tuns şi bărbierit?
툰스 쉬 버르비에리트

이발 만 하겠습니다.

Numai tuns.
누마이 툰스

머리를 어떻게 자르기를 원하십니까?

Cum doriţi să vă tund?
쿰 도리치 서 버 툰드

뒷부분과 옆은 짧게 쳐주세요.

În spate şi în părţi scurt.
은 스파테 쉬 은 퍼르치 스쿠르트

너무 짧게 하지 마세요.

Nu prea scurt.
누 프레아 스쿠르트

관자놀이 부분은 좀더 짧게 해주세요.

La tâmple mai scurtaţi.
라 틈플레 마이 스쿠르타치

이렇게 하면 되겠습니까?

E bine aşa?
예 비네 아샤

예, 좋습니다.

Da, aşa e bine.
다 아샤 예 비네

머리를 감으시겠습니까?

Doriţi să vă spăl părul?
도리치 서 버 스펄 퍼룰

예, 머리를 감겨 주세요.

Da, vă rog să-mi spălaţi părul.
다 버 록 서 미 스펄라치 퍼룰

머리마사지 좀 부탁합니다.

Un masaj al capului, vă rog!
운 마사지 알 카풀루이 버 록

얼굴마사지를 원하십니까?

Doriţi să vă masez faţa?
도리치 서 버 마세즈 파차

내 피부가 예민합니다.

Am o piele sensibilă.
암 오 피엘레 센시빌러

조심하세요!

Aveţi grijă, vă rog!
아베치 그리저 버 록

3. 낱말 풀이(Cuvinte)

coafor 코아포르	m. 이・미용사(남자)
coafeză 코아페저	f. 이・미용사(여자)
(salon de) coafură (살론 데) 코아푸러	f. 미용실
(salon de) frizerie (살론 데) 프리제리에	f. 이용실
frizer 프리제르	m. 이발사
păr 퍼르	m. 머리카락
barbă 바르버	f. 수염
mustaţă 무스타처	f. 콧수염
blond 블론드	adj. 금발의
şaten 샤텐	adj. 밤색의
negru 네그루	adj. 검은색의

tuns 툰스	n. 이발
cărare 커라레	f. 가르마, 오솔길
bărbierit 버르비에리트	n. 면도
vopsea 봅세아	f. 염색
în spate 은 스파테	뒷부분에
în părţi 은 퍼르치	옆부분에
la tâmple 라 틈플레	관자놀이부분에
cât	conj. ~하는 한
cât mai	~ 가능한 한
cât pe ce	~ 하마터면

4. 문법(Gramatică)

1) 부정 명령법(Modul imperativ negativ)

① 2 인칭 단수 부정 명령법(Singular negativ):
2 인칭 단수 부정 명령법에선 모든 동사들이 Nu + 동사의 부정형(Infinitiv) 형태를 취한다.

예:

동사의 부정형	- 2 인칭 단수 명령법
a intra	- Nu intra!
a aştepta	- Nu aştepta!
a coborî	- Nu coborî!
a veni	- Nu veni!
a zice	- Nu zice!

② 2 인칭 복수 및 존칭 부정 명령법(Plural negativ):
존칭 및 복수 부정 명령법은 Nu + 직설법 형태를 취한다.

예:

동사의 부정형	- 직설법 현재	- 부정 명령법
a lucra	- Voi/Dv. nu lucraţi.	- Nu lucraţi!
a scrie	- Voi/Dv. nu scrieţi.	- Nu scrieţi!
a merge	- Voi/Dv. nu mergeţi.	- Nu mergeţi!
a citi	- Voi/Dv. nu citiţi.	- Nu citiţi!

③ 2 인칭 단·복수 부정 명령법에서 인칭 대명사 목적어와 재귀 대명사의 위치는 Nu 와 동사 사이에 온다.

예:

Nu mă aştepta!	(나를 기다리지 마라!)
Nu te duce!	(가지 마라!)
Nu-mi da cartea!	(그 책을 나에게 주지 마라!)
Nu mă aşteptaţi!	(나를 기다리지 마시오!)
Nu vă duceţi acum!	(지금 가지 마시오!)

2) 동사상 명사(Modul supin)

동사상 명사는 전치사 + 동사의 과거분사로 구성된다.

동사상 명사의 용법:

① 명사 + 동사상 명사

예: maşină de scris 타자기
maşină de spălat 세탁기
fier de călcat 다리미

② 형용사(부사) + 동사상 명사

예: greu de reparat 수선하기 어려운
uşor de tradus 번역하기 쉬운

③ 동사 + 동사상 명사

예: Am de făcut. 나는 할 일이 있다.
N-am nimic de făcut. 나는 할 일이 없다.
Ce este de făcut? 해야할 일이 무엇이냐?

④ 이유를 나타내는 분사구문

예: De fumat, mă doare capul.
담배를 피워서 머리가 아프다.

⑤ 부사구

예: pe neaşteptate 예기치 않게
pe nemâncate 식사도 않고
pe nepregătite 준비도 없이

3) 지시대명사 및 형용사(Pronume şi adjectiv demonstrativ)
구어체형(Forme de limbă vorbtă): ăsta .

성 / 수	남성	중성	여성
단수	ăsta		asta
복수	ăştia	astea	

예:

(Elevul) ăsta e bun. - (Elevii) ăştia sunt buni.
(Biletul) ăsta e ieftin. - (Biletele) astea sunt ieftine.
(Casa) asta e frumoasă. - (Casele) astea sunt frumoase.
Asta-i tot.
Ăsta-i soţul meu.
Astea sunt prietenele mele.
Ăştia sunt pantofii mei.

4) 부정대명사 및 형용사(Pronume şi adjectiv nehotărât)
vreun(ul): 어떤 (것, 사람)

<table>
<tr><th colspan="2" rowspan="2">수 / 격</th><th colspan="3">단수</th><th colspan="3">복수</th></tr>
<tr><th>남성</th><th>중성</th><th>여성</th><th>남성</th><th>중성</th><th>여성</th></tr>
<tr><td rowspan="2">주격
목적격</td><td>대명사</td><td colspan="2">vreunul</td><td>vreuna</td><td rowspan="2">vreunii</td><td colspan="2" rowspan="2">vreunele</td></tr>
<tr><td>형용사</td><td colspan="2">vreun</td><td>vreo</td></tr>
<tr><td rowspan="2">소유격
여격</td><td>대명사</td><td colspan="2">vreunuia</td><td>vreuneia</td><td colspan="3">vreunora</td></tr>
<tr><td>형용사</td><td colspan="2">vreunui</td><td>vreunei</td><td colspan="3">vreunor</td></tr>
</table>

① 대명사(Pronume):
Ai invitat câţiva colegi. A venit vreunul (dintre ei)?
Cunoşti pe vreuna dintre surorile lui?

② 형용사(Adjectiv):
Cunoaşteţi vreun hotel bun?
Mai aveţi vreo dorinţă?

제 15 과 극장에서(La teatru)

1. 대화(Dialog)

Domnul Popescu : Bună ziua, domnule Yi. Mi-ar face plăcere
돔눌 포페스쿠 부너 지우아 돔눌레 이 미 아르 파체 플러체레

să vă invit la un spectacol.
서 버 인비트 라 운 스펙타콜

Domnul Yi : Mulţumesc, sunteţi foarte amabil.
돔눌 이 물추메스크 순테치 포아르테 아마빌

Domnul Popescu : Putem merge la teatru, la concert sau
푸템 메르제 라 테아트루 라 콘체르트 사우

la cinema.
라 치네마

Domnul Yi : Aş prefera să mergem la teatru.
아슈 프레페라 서 메르젬 라 테아트루

Domnul Popescu : Foarte bine. Voi cumpăra bilete la Teatrul
포아르테 비네 보이 쿰퍼라 빌레테 라 테아트룰

Naţional pentru mâine seară.
나치오날 펜트루 므이네 세아러

Domnul Yi : Ce piesă de teatru se joacă?
체 피에서 데 테아트루 세 조아커

Domnul Popescu : Este o piesă clasică românească, scrisă de
예스테 오 피에서 클라시커 로므네아스커 스크리서 데

Ion Luca Caragiale, O scrisoare pierdută, într-o
이온 루카 카레지알레 오 스크리소아레 피에르두터 은트로

montare nouă a unui tânăr regizor.
몬타레 노우어 아 우누이 트너르 레지조르

Domnul Yi : Da, am văzut anunţul în ziare şi la televizor.
다 암 버주트 아누출 은 지아레 쉬 라 텔레비조르

Este un spectacol de succes.
예스테 운 스펙타콜 데 숙체스

Domnul Popescu : Fără îndoială. Unde doriţi să iau bilete:
퍼러 은도이알러 운데 도리치 서 이아우 빌레테

în stal, la balcon sau în lojă?
은 스탈 라 발콘 사우 은 로저

Domnul Yi : Cred că în stal suntem mai aproape de scenă.
크레드 커 은 스탈 순템 마이 아프로아페 데 스체너

Domnul Popescu : Aşa este. Din stal putem vedea mai bine
아샤 예스테 딘 스탈 푸템 베데아 마이 비네

jocul actorilor.
조쿨 악토릴로르

Domnul Yi : La ce oră începe spectacolul?
라 체 오러 은체페 스펙타콜룰

Domnul Popescu : Spectacolul începe la ora opt seara, dar
스펙타콜룰 은체페 라 오라 옵트 세아라 다르

ne întâlnim mâine în faţa teatrului cu un sfert de
네 은틀님 므이네 은 파차 테아트룰루이 쿠 운 스페르트 데

oră mai devreme.
오러 마이 데브레메

포페스쿠씨 : 안녕하십니까, 이 선생님. 당신을 한 공연에 초대하고자 합니다.

이씨 : 감사합니다. 대단히 친절하시군요.

포페스쿠씨 : 극장이나 콘서트홀이나 또는 영화관에 가실 수가 있습니다.

이씨 : 극장에 가보고 싶습니다.

포페스쿠씨 : 매우 좋습니다. 내일 저녁을 위해 국립 극장 입장권을 구입하겠습니다.

이씨 : 어떤 작품이 공연되고 있습니까?

포페스쿠씨 : 한 젊은 감독에 의해서 새롭게 연출된 이온루카 카라쟐레가 쓴 루마니아의 고전 작품인 "잃어버린 편지" 입니다.

이씨 : 예, 저도 신문과 텔레비전에서 광고를 보았습니다. 공연이 성공적이라고 하던데요.

포페스쿠씨 : 의심할 여지가 없죠. 아래층 정면 관람석과 2층 관람석 및 칸막이 관람석 중 어디에 앉으시기를 원하십니까?

이씨 : 제가 생각으로는 아래층 정면 관람석이 무대에서 더 가깝게 있을 것 같은데요.

포페스쿠씨 : 예, 그렇습니다. 아래층 관람석에서 배우들의 연기를 더 잘 볼 수가 있습니다.

이씨 : 공연이 몇 시에 시작합니까?

포페스쿠씨 : 공연은 저녁 8시에 시작합니다. 그러나 우리는 내일 극장 앞에서 15분전에 만나죠.

2. 유용한 표현(Expresiile uzuale)

우리 오늘 저녁에 극장(영화관, 콘서트홀)이나 갈까요?

Mergem deseară la teatru(cinema, concert)?
메르젬 데세아러 라 테아트루(치네마, 콘체르트)

이곳에 오페라 홀이 있습니까?

Există operă aici?
엑지스터 오페러 아이치

영화관은 어디 있습니까?

Unde e un cinema?
운데 예 운 치네마

오늘 저녁에 콘서트가 열리나요?

Are loc un concert deseară?
아레 록 운 콘체르트 데세아러

요즈음 재미있는 공연이 있나요?

Există în prezent spectacole interesante aici?
엑지스터 은 프레젠트 스펙타콜레 인테레산테 아이치

오늘 극장(오페라 홀)에선 무슨 공연이 있나요?

Ce se dă deseară la teatru(operă)?
체 세 더 데세아러 라 테아트루(오페러)

나는 현대 루마니아 극작품을 관람하고 싶습니다.

Aş vrea să văd o piesă românească modernă.
아슈 브레아 서 버드 오 피에서 로므네아스커 모데르너

프로그램에는 무엇이 있습니까?

Ce e în program?
체 예 은 프로그람

어디서 입장권을 구입합니까?

Unde se găsesc bilete?
운데 세 거세스크 빌레테

예매는 언제부터 합니까?

Când se pun în vânzare biletele?
큰드 세 푼 은 븐자레 빌레텔레

입장권 한 장에 얼마입니까?

Cât costă un bilet?
크트 코스터 운 빌레트

가장 싼 좌석들은 얼마입니까?

Cât costă locurile cele mai ieftine?
크트 코스터 록쿠릴레 첼레 마이 이에프티네

다섯 번째 줄에 있는 좌석으로 두 장 (주세요)!

(Daţi-mi) două locuri în rândul cinci!
(다치미) 도우어 록쿠리 은 른둘 친치

특별석(간 막이)으로 한 장만 주세요!

Daţi-mi un bilet într-o lojă!
다치미 운 빌레트 은트로 로저

내일 (공연) 입장권이 아직 있습니까?

Mai sunt bilete pentru mâine?
마이 순트 빌레테 펜트루 므이네

표가 매진됐습니다.

Nu mai sunt bilete.
누 마이 순트 빌레테

입석만 남아 있습니다.

Mai sunt numai locurile în picioare.
마이 순트 누마이 록쿠릴레 은 피치오아레

프로그램 한 장(권)만 주세요!

Un program, vă rog!
운 프로그람 버 록

공연이 이미 시작 됐습니까?

A început deja spectacolul?
아 은체프트 데자 스펙타콜룰

서두르세요, 시작종이 울렸습니다.

Grăviţi-vă, a sunat deja.
그러비치 버 아 수나트 데자

휴대품 예치소는 어디 있습니까?

Unde se află garderoba?
운데 세 아플러 가르데로바

3. 낱말 풀이(Cuvinte)

① 오페라 및 연극(Operă şi teatru)

spectacol
스펙타콜
n. 공연

premieră
프레미에러
f. 첫 공연

scenă
스체너
f. 무대

stal
스탈
n. (극장)아래층 정면 1층석

balcon
발콘
n. (극장)2층 관람석

lojă
로저
f. (극장)간막이 관람석

act
악트
n. 막

aplauze 아플라우제	pl. 박수
operă 오페러	f. 가극, 오페라
operetă 오페레터	f. 소가극, 오페레타
piesă de teatru 피에서 데 테아트루	연극(작품)
tragedie 트라제디에	f. 비극
comedie 코메디에	f. 희극
rol 롤	n. 배역
rol principal 롤 프린치팔	주역
actor 악토르	m. 배우(남자)
actriţă 악트리처	f. 여배우

② 콘서트(Concert)

cântăreţ 큰터레츠	m. 가수(남자)
cântăreaţă 큰터레아처	f. 여가수
tenor 테노르	m. 테너

bariton
바리톤
m. 바리톤

bas
바스
m. 베이스

soprană
소프라너
f. 소프라노

alto
알토
m. 앨토

cor
코르
n. 합창단

solist
솔리스트
m. 독창(주)자

dirijor
디리조르
m. 지휘자

compozitor
콤포지토르
m. 작곡가

cântec
큰텍
n. 노래

orchestră
오르케스트러
f. 관현악단, 오케스트라

pian
피안
n. 피아노

pianist
피아니스트
m. 피아노 연주자

vioară
비오아러
f. 바이올린

violonist
비올로니스트
m. 바이올린 연주자

③ 영화(Film)

scenariu n. 희곡, 시나리오
스체나리우

film n. 영화
필름

film poliţist 탐정 영화
필름 폴리치스트

(film) western 서부 영화
(필름) 웨스테른

film technicolor 총천연색 영화
필름 테크니콜로르

sincronizare f. 동시 녹음
신크로니자레

jurnal n. 주간 뉴스
주르날

spectactol cinematografic 영화 상영
스펙탁톨 치네마토그라픽

cinema(-tograf) n. 영화관
치네마(-토그라프)

ecran n. 화면
에크란

spectator m. 관(람)객
스펙탁토르

festival cinematografic 영화제
페스티발 치네마토그라픽

4. 문법(Gramatică)

1) 조건-기원법(Modul condiţional-optativ)

① 루마니아어의 조건-기원법의 현재 시제는 조동사(aş, ai, ar, am, aţi, ar) + 본동사의 부정형(원형)으로 나타낸다.

예:-aş duce la Sinaia. (Eu) aş merge.
(Tu) ai merge.
(El/Ea) ar merge.
(Noi) am merge.
(Voi) aţi merge.
(Ei/Ele) ar merge.

② 조건-기원법은 화자의 겸손한 표현을 나타냄으로써 교양 있고 정중한 표현이 된다.

예: 일반적 표현 : (Eu) vreau să merg acum.
정중한 표현 : (Eu) aş vrea să merg acum.

③ 조건-기원문에서 인칭 대명사의 목적어 및 재귀 대명사의 위치는 조동사 앞에 온다.

예:
Mi-ar face plăcere să vă invit.
V-aş invita la un spectacol.
M-aş duce la Sinaia.

2) 소유(대명사적)관사(Articolul genitival - posesiv):

소유 관사는 소유 형용사 앞에 위치하여 소유 대명사의 기능을 가지며, 사물의 성과 수에 따라 다음과 같이 형태 변화를 한다.

성	수	소유 관사
남성	단수	al
	복수	ai
여성	단수	a
	복수	ale

3) 소유 관사의 용법(Valorile articolului genitival):

① 소유 대명사:
예: Maşina este a mea. 이 차는 내 것이다.
② 소유물이 한정적으로 사용되지 않았을 경우, 즉 소유물에 정관사가 붙어 있지 않을 경우:
예: prietenul meu - un prieten al meu 나의 친구
③ 소유물과 소유자 사이에 다른 수식어가 있을 경우:
예: prietenul acesta al meu 나의 바로 이 친구
④ ②+③이 복합적인 경우:
예: într-o montare nouă a unui tânăr regizor
한 젊은 감독에 의해 새로 연출된

제 16 과 경기장에서(La stadion)

1. 대화(Dialog)

Domnul Popescu : Bună ziua, domnule Kim! Vă place fotbalul?
돔눌 포페스쿠 부너 지우아 돔눌레 김 버 플라체 폿발룰

Domnul Kim : Desigur, chiar doream să văd un meci de
돔눌 김 데시구르 키아르 도레암 서 버드 운 메치 데

fotbal. Până acum câţiva ani jucam fotbal în fiecare
폿발 프너 아쿰 크치바 아니 주캄 폿발 은 피에카레

săptămână la un club sportiv.
섭터므너 라 운 클룹 스포르티브

Domnul Popescu : Am două bilete la un meci de fotbal pentu
암 도우어 빌레테 라 운 메치 데 폿발 펜트루

mâine. Mi-ar face mare plăcere să veniţi şi
므이네 미 아르 파체 마레 플러체레 서 베니치 쉬

dumneavoastră.
둠네아보아스트러

Domnul Kim : Vă mulţumesc pentru invitaţie. Ne vom întâlni
버 물추메스크 펜트루 인비타치에 네 봄 은틀니

mâine în faţa stadionului.
므이네 은 파차 스타디오눌루이

....

Domul Popescu : De aici, de la tribuna întâi putem vedea
데 아이치 데 라 트리부나 은트이 푸템 베데아

tot terenul.
토트 테레눌

Domnul Kim : Cine atacă de la dreapta la stânga în prima

치네 아타커 데 라 드레압타 라 스틍가 은 프리마

repriză?
레프리저

Domnul Popescu : În prima repriză echipa Steaua atacă de
은 프리마 레프리저 에키파 스테아우아 아타커 데

la stânga la dreapta, iar echipa Dinamo atacă de
라 스틍가 라 드레압타 이아르 에키파 디나모 아타커 데

la dreapta la stânga.
라 드레압타 라 스틍가

Domnul Kim : Steaua şi Dinamo sunt două echipe renumite?
스테아우아 쉬 디나모 순트 도우어 에키페 레누미테

Domnul Popescu : Sunt două echipe din Liga naţională. În
순트 도우어 에키페 딘 리가 나치오날러 은

fiecare an joacă pentru Cupa României.
피에카레 안 조아커 펜트루 쿠파 로므니에이

Domnul Kim : Cine credeţi că va câştiga meciul?
치네 크레데치 커 바 크슈티가 메치울

Domnul Popescu : Eu vreau să câştige Steaua, deoarece este
예우 브레아우 서 크슈티제 스테아우아 데오아레체 예스테

echipa mea preferată.
에키파 메아 프레페라터

포페스쿠씨 : 안녕하십니까? 이 선생님! 축구를 좋아하십니까?

이씨 : 물론이죠, 축구 경기를 보고 싶군요. 몇 해전까지도 한 팀에서 매 주 축구를 했었습니다.

포페스쿠씨 : 내일 있을 한 축구 경기 입장권을 두 장 가지고 있

습니다. 당신도 함께 가시면 매우 기쁘겠습니다.

이씨　　　: 초대해주셔서 감사합니다. 내일 경기장 앞에서 만나죠.

....

포페스쿠씨: 여기 일등 관람석에선 운동장 전체를 다 볼 수가 있습니다.

이씨　　　: 전 반전에선 누가(어느 팀이) 오른 쪽에서 왼 쪽으로 공격합니까?

포페스쿠씨: 전 반전엔 스테아우아(팀)이 왼 쪽에서 오른 쪽으로, 그리고 디나모(팀)이 오른 쪽에서 왼 쪽으로 공격합니다.

이씨　　　: 스테아우아와 디나모팀은 유명한 팀들입니까?

포페스쿠씨: 두 팀 모두 일부 리그 팀들입니다. 매 년 루마니아 컵 경기에서 시합을 합니다.

이씨　　　: 어느 팀이 이길 것같습니까?

포페스쿠씨: 저는 스테아우아팀이 이기기를 원합니다. 왜냐하면 제가 좋아하는 팀이니까요.

2. 유용한 표현(Expresiile uzuale)

축구 경기를 관전하고 싶습니다.

Aş vrea să văd un meci de fotbal.
아슈 브레아 서 버드 운 메치 데 폿발

저에게 운동장으로 가는 길을 가리켜 주실 수 있겠습니까?

Îmi puteţi arăta drumul spre stadion?
으미 푸테치 아러타 드루물 스프레 스타디온

오늘은 어떤 팀들이 경기를 합니까?

Ce echipe joacă azi?
체 에키페 조아커 아지

오늘 루마니아 컵 경기가 있습니다.

Astăzi are loc meciul pentru Cupa României.
아스터지 아레 록 메치울 펜트루 쿠파 로므니에이

디나모 부쿠레슈티와 크라이오바 대학교가 결승에 올라왔습니다.

Au ajuns în finală echipa Dinamo Bucureşti şi
아우 아준스 은 피날레 에키파 디나모 부쿠레슈티 쉬

Universitatea Craiova.
우니베르시타테아 크라이오바

당신도 축구에 관심을 가지고 있습니까?

Vă interesează fotbalul?
버 인테레세아저 퐃발룰

어느 팀이 이겼습니까?

Ce echipă a învins.
체 에키퍼 아 은빈스

부쿠레슈티 팀이 2 : 0 으로 이겼습니다.

Dinamo Bucureşti a învins cu doi la zero.
디나모 부쿠레슈티 아 은빈스 쿠 도이 라 제로

저는 스포츠 팬입니다.

Sunt amator de sport.
순트 아마토르 데 스포르트

나는 권투 경기를 보고 싶습니다.

Aş vrea să văd un meci de box.
아슈 브레아 서 버드 운 메치 데 복스

입장료가 얼마입니까?

Cât costă biletul de intrare?
크트 코스터 빌레툴 데 인트라레

어떤 운동을 하십니까?

Ce sport faceţi?
체 스포르트 파체치

저는 테니스를 칩니다.

Joc tenis.
족 테니스

저는 골프를 좋아합니다.

Mă interesează golful.
머 인테레세아저 골풀

가장 가까운 골프장이 어디 있습니까?

Unde este terenul de golf cel mai apropiat?
운데 예스테 테레눌 데 골프 첼 마이 아프로피아트

저는 농구를 좋아합니다.

Mă interesează baschetul.
머 인테레세아저 바스케툴

이 근처에 수영장이 있습니까?

E vreo piscină prin apropiere?
예 브레오 피스치너 프린 아프로피에레

3. 낱말 풀이(Cuvinte)

stadion
스타디온
n. 운동장, 경기장

sport
스포르트
n. 운동, 스포츠

sportiv 스포르티브	m. 운동선수
box 복스	n. 권투, 복싱
pescuit sportiv 페스쿠이트 스포르티브	n. 낚시(운동)
baschet 바스케트	n. 농구
alpinism 알피니슴	n. 등산
volei(bal) 볼레이(발)	n. 배구
fotbal 폿트발	n. 축구
baseball 베이즈볼	n. 야구
golf 골프	n. 골프
tenis 테니스	n. 테니스
gimnastică 짐나스티커	f. 체조
nataţie 나타치에	f. 수영
scrimă 스크리머	f. 펜싱
hochei 호케이	n. 하키

judo 쥬도	n. 유도
lupte 룹테	pl. 레슬링
patinaj 파티나지	n. 스케이팅
schi 스키	n. 스키
hipism 히피슴	n. 경마
ciclism 치클리슴	n. 경륜
motosport 모토스포르트	n. 경차
vâslă 브슬러	f. 조정
tir 티르	n. 사격
echipă 에키펴	f. 조, 팀
ligă 리거	f. 연맹, 리그
cupă 쿠퍼	f. (우승)컵, 상배
repriză 레프리저	f. 전·후반
a ataca 아타카	vi., vt. 공격하다

a câştiga vi., vt. 이기다, 얻다, 벌다
크슈티가

4. 문법(Gramatică)

1) 불 완료 과거 시제(Modul indicativ, timpul imperfect):

① 불 완료 과거 시제의 인칭 변화는 동사의 부정형(inf.) 어미 형태에 따라 다음과 같이 크게 두 가지 범주로 구분된다.

어미 / 인칭	-a동사, -î동사		-e동사, -ea동사, -i동사	
1.단수	부정형의 어간 +	-am	부정형의 어간 +	-eam
2.단수		-ai		-eai
3.단수		-a		-ea
1.복수		-am		-eam
2.복수		-aţi		-eaţi
3.복수		-au		-eau

	a cânta	a coborî	a vedea	a merge	a veni
1.	cântam	coboram	vedeam	mergeam	veneam
2.	cântai	coborai	vedeai	mergeai	veneai
3.	cânta	cobora	vedea	mergea	venea
4.	cântam	coboram	vedeam	mergeam	veneam
5.	cântaţi	coboraţi	vedeaţi	mergeaţi	veneaţi
6.	cântau	coborau	vedeau	mergeau	veneau

② 불규칙 동사(Conjugarea verbelor neregulate):

* 일부 동사들은 불규칙적으로 변화한다.

	a fi	a vrea	a da	a sta	a şti
1.	eram	voiam	dădeam	stătea	ştiam
2.	erai	voiai	dădeai	stăteai	ştiai
3.	era	voia	dădea	stătea	ştia
4.	eram	voiam	dădeam	stăteam	ştiam
5.	eraţi	voiaţi	dădeaţi	stăteaţi	ştiaţi
6.	erau	voiau	dădeau	stăteau	ştiau

* 그 밖에도 일부 동사들은 다소 규칙에서 벗어난 변화를 한다.

	a locui	a sui	a şti	a scrie	a scoate
1.	locuiam	suiam	ştiam	scriam	scoteam
2.	locuiai	suiai	ştiai	scriai	scoteai
3.	locuia	suia	ştia	scria	scotea
4.	locuiam	suiam	ştiam	scriam	scoteam
5.	locuiaţi	suiaţi	ştiaţi	scriaţi	scoteaţi
6.	locuiau	suiau	ştiau	scriau	scoteau

2) 불 완료 과거의 용법(Valorile imperfectului)

① 루마니아어 동사의 직설법 불 완료 과거 시제는 과거에 습관적이거나 반복적 또는 지속적으로 일어났던 행위 및 사건 등을 나타낼 때에 사용된다.

예: Când ai intrat în cameră, eu citeam.
네가 방으로 들어 왔을 때, 나는 독서하고 있었다.
Când eram copil, îmi plăcea să ascult poveşti.
내가 어렸을 때, 나는 (옛날)얘기 듣는 것을 좋아했다.

În 1995 louiam în provincie.
1995년에 나는 지방에서 살았다.
De obicei se plimbau seara.
그들은 저녁에 대개 산보를 했다.

② 불 완료 과거의 용법 중에는 조건-기원법 과거 시제의 기능을 갖는다.

예: Dacă aveam timp, plecam şi eu în România.
=Dacă aş fi avut timp, aş fi plecat şi eu în România.
나도 시간이 있었더라면 루마니아에 갔었을 텐데.
Dacă te vedeam aici, mă bucuram mult.
= Dacă te-aş fi văzut aici, m-aş fi bucurat mult.
너를 여기서 보았더라면 내가 무척이나 기뻤을 텐데.

제 17 과 경찰서에서(La secţia de poliţie)

1. 대화(Dialog)

Domnul Yi : Bună ziua. Vreau să declar pierderea
돔눌 이 부너 지우아 브레아우 서 데클라르 피에르데레아

paşaportului.
파샤포르툴루이

Poliţistul : În ce împrejurări credeţi că aţi pierdut
폴리치스툴 은 체 음프레주러리 크레데치 커 아치 피에르두트

paşaportul?
파샤포르툴

Domnul Yi : Cred că l-am pierdut mergând pe stradă sau
크레드 커 람 피에르두트 메르근드 페 스트라더 사우

coborând din tramvai.
코보른드 딘 트람바이

Poliţistul : În ce zonă a oraşului vă aflaţi?
은 체 조너 아 오라슐루이 버 아플라치

Domnul Yi : Mă aflam în Piaţa Unirii, în faţa Băncii
머 아플람 은 피아차 우니리 은 파차 번치

Comerciale Române. Atunci am observat că
코메르치알레 로므네 아툰치 암 옵세르바트 커

nu mai am paşaportul.
누 마이 암 파샤포르툴

Poliţistul : Este o zonă foarte circulată. S-ar putea ca
예스테 오 조너 포아르테 치르쿨라터 사르 푸테아 카

cineva să găsească paşaportul dumneavoastră
치네바 서 거세아스커 파샤포르툴 둠네아보아스트러

şi să-l predea la prima secţie de poliţie.
쉬 설 프레데아 라 프리마 섹치아 데 폴리치에

Domnul Yi : În acest caz, cât trebuie să aştept?
은 아체스트 카즈 크트 트레부이에 서 아슈텝트

Poliţistul : Termenul legal este de o lună de la data
테르메눌 레갈 예스테 데 오 루너 데 라 다타

declarării pierderii. Completaţi, vă rog, acest
데클라러리 피에르데리 콤플레타치 버 록 아체스트

formular. Veţi primi o adeverinţă de identitate.
포르물라르 베치 프리미 오 아데베린처 데 이덴티타테

Domnul Yi : Primind această adeverinţă, mai este nevoie
프리민드 아체아스터 아데베린처 마이 예스테 네보이에

să anunţ ambasada coreeană?
서 아눈츠 암바사다 코레아너

Poliţistul : Potrivit legii aveţi obligaţia să declaraţi pierderea
포트리비트 레지 아베치 오블리가치아 서 데클라라치 피에르데레아

paşaportului doar la poliţie, dar fiind vorba de un
파샤포르툴루이 도아르 라 폴리치에 다르 핀드 보르바 데 운

paşaport străin este bine să anunţaţi şi ambasada
파샤포르트 스트러인 예스테 비네 서 아눈차치 쉬 암바사다

coreeană.
코레아너

Domnul Yi : Când trebuie să mai vin aici, la secţia de poliţie?
큰드 트레부이에 서 마이 빈 아이치 라 섹치아 데 폴리치에

Poliţistul : Trebuie să veniţi aici peste treizeci de zile.
트레부이에 서 베니치 아이치 페스테 트레이제치 데 질레

Dacă, între timp, va găsi cineva paşaportul
다커 은트레 팀프 바 거시 치네바 파샤포르툴

dumneavoastră, vă vom anunţa la telefon.
둠네아보아스트러 버 봄 아눈차 라 텔레폰

이씨 : 안녕하십니까? 여권 분실 신고를 하려고 합니다.

경관 : 어디에서 분실하신 것 같습니까?

이씨 : 제 생각으로는 거리를 걷다 거나 아니면 전차에서 내리다가 분실한 것 같습니다.

경관 : 이 도시의 어느 지역에 계셨습니까?

이씨 : 저는 대학 광장과 상업은행에 들렸었고, 그리고 나서는 여권이 없어졌다는 것을 알게 되었습니다.

경관 : 그 곳은 매우 번잡한 지역이지요. 아마도 어떤 사람이 당신의 여권을 주웠다면, 근처의 경찰서에 가져갈 수도 있습니다.

이씨 : 그렇다면 얼마나 기다려야만 합니까?

경관 : 법적으로는 분실 신고한지 한 달로 돼 있습니다. 이 양식을 기입해 주십시오. 신분증을 지급해 드리겠습니다.

이씨 : 신분증을 발급 받더라도 한국 대사관에 신고할 필요 가 있나요

경관 : 법적으로는 (내국인이) 여권을 분실했을 경우엔 경찰서에만 신고하면 되지만, 외국 여권에 관한 문제이므 로 한국 공관에 신고하는 것이 좋겠지요.

이씨 : 제가 언제 여기 경찰서에 다시 찾아와야 하나요?

경관 : 30일 후에 여기로 오셔야 합니다. 만일 그사이에 누군가

가 당신의 여권을 발견하게 되면, 당신에게 전화로 알려 드리겠습니다.

2. 유용한 표현(Expresiile uzuale)

경찰서가 어디 있습니까?

Unde-i secţia de poliţie?
운데 이 섹치아 데 폴리치에

체류 신고하는 곳이 어디 있습니까?

Unde-i evidenţa populaţiei?
운데 이 에비덴차 포풀라치에이

체류 신고 좀 하려고 합니다.

Vreau să mă trec în evidenţa populaţiei.
브레아우 서 머 트렉 은 에비덴차 포풀라치에이

어디서 오셨습니까?

De unde sunteţi(=veniţi)?
데 운데 순테치 (=베니치)

어느 나라에서 오셨습니까?

Din ce ţară sunteţi?
딘 체 차러 순테치

저는 한국에서 왔습니다.

Sunt(=Vin) din Coreea de Sud.
순트(=빈) 딘 코레아 데 수드

여권이나 신분증을 가지고 계십니까?

Aveţi un paşaport sau o legitimaţie?
아베치 운 파샤포르트 사우 오 레지티마치에

현재 어디에 거주하고 계십니까?

Unde locuiţi acum?
운데 로쿠이치 아쿰

여행 목적은 무엇입니까?

Cu ce scop călătoriţi?
쿠 체 스콥 컬러토리치

저는 사업 차 왔습니다.

Am venit pentru afaceri.
암 베니트 펜트루 아파체리

나는 요양 차 왔습니다.

Am venit pentru tratament.
암 베니트 펜트루 트라타멘트

여행 목적은 무엇입니까?

Cu ce scop călătoriţi?
쿠 체 스콥 컬러토리치

당신의 성이 무엇입니까?

Care e numele de familie?
카레 예 누멜레 데 파밀리에

이름은요?

Prenumele?
프로누멜레

출생지와 생년월일요?

Locul şi data naşterii?
로쿨 쉬 다타 나슈테리

가족 사항은요?

Situaţia familială?
시투아치아 파밀리알러

나는 기혼입니다.

Sunt căsătorit.
순트 커서토리트

나는 미혼입니다.

Sunt necăsătorit.
순트 네커서토리트

나는 도난 신고를 하려고 합니다.

Vreau să anunţ un furt.
브레아우 서 아눈츠 운 푸르트

나는 분실 신고를 하려고 합니다.

Vreau să anunţ o pierdere.
브레아우 서 아눈츠 오 피에르데레

정확히 설명을 해 보세요!

Daţi-mi o descriere exactă!
다치 미 오 데스크리에레 엑작터

나는 시계를 분실했습니다.

Mi-am pierdut ceasul.
미 암 피에르두트 체아술

나는 전철 안에다 가방을 놓고 내렸습니다.

Mi-am uitat geamantanul în metrou.
미 암 우이타트 제아만타눌 은 메트로

나는 지갑을 도둑 맞았습니다.

Mi s-a furat portofelul.
미 사 푸라트 포르토펠룰

프로토콜을 작성해야 합니다.

Trebuie să dresăm un proces-verbal.
트레부이에 서 드레섬 운 프로체스-베르발

무엇 좀 알게 되면 연락 드리겠습니다.

Vă înştiinţam dacă aflăm ceva
버 은슈틴참 다커 아플럼 체바

3. 낱말 풀이(Cuvinte)

secţia de poliţie
섹치아 데 폴리치에
경찰서

nume de familie
누메 데 파밀리에
성

prenume
프레누메
n. 이름

data naşterii
다타 나슈테리
생년월일

locul naşterii
로쿨 나슈테리
출생지

stare civilă
스타레 치빌러
가족사항

profesie
프로페시에
f. 직업

cetăţenie
체터체니에
f. 국적

domiciliu
도미칠리우
n. 거주지

căsătorit
커서토리트
m. 기혼

necăsătorit
네커서토리트
m. 미혼

furt
푸르트
n. 도난

pierdere
피에르데레
f. 분실

accident
악치덴트
n. 사고

paşaport
파샤포르트
n. 여권

împrejurări
음프레주러리
pl. 주위, 환경, 지역

declarare
데클라라레
f. 신고

ambasadă
암바사더
f. 대사관

4. 문법(Gramatică)

1) 현재 분사(Modul gerunziu):

① 루마니아어 현재 분사(일명: 동명사)의 어미는 다음과 같이 2 가지 형태를 취한다.

<table>
<tr><td>동사</td><td>-a동사</td><td>-e동사</td><td>-ea동사</td><td>-î동사</td><td>-i동사</td></tr>
<tr><td>현재분사</td><td colspan="5">-ând</td><td>-ind</td></tr>
</table>

② 불규칙 동사(Verbele neregulate):

-모음 + ia 동사:

a încuia - încuind, a tăia - tăind

-자음 + ia 동사:

a întârzia - întârziind, a studia - studiind

그 밖의 일부 동사:

a fi - fiind, a şti - ştiind

③ 현재 분사의 부정형(Forma negativă a gerunziului):

현재 분사의 부정은 접두사 ne- 를 붙여서 나타낸다.

예: fiind - nefiind, mâncând - nemâncând

이 경우 mai(보다, 더)와 같은 일부 부사들은 접두사 ne 와 현재 분사 사이에 위치하게 된다.

예: nemaiputând, nemaiştiind

④ 현재 분사의 직접 및 간접 목적어가 인칭 대명사일 경우와 재귀대명사는 현재 분사 뒤에 전접어 형태로 온다.

예: scriindu-ţi, părându-mi-se, ducându-mă

2) 현재 분사의 용법(Valorile gerunziului):

① 서술적 용법:

예: El lucrează cântând.

Profesorul explică exerciţiile dând exemple.

② 분사 구문:

이유: Venind tîrziu la gară, a pierdut trenul.

=Pentru că a venit tîrziu la gară, a pierdut trenul.

조건: Învăţând mai harnic, o să reuşeşti la exemen.

= Dacă înveţi mai harnic, o să reuşeşti la exemen.

시간: Văzându-mă, s-a bucurat foarte mult.
= Când m-a văzut, s-a bucurat foarte mult.
지속: Citind romanul, el zâmbea.
= În timp ce citea romanul, el zâmbea.

3) 여격 지배 전치사(Prepoziţia cazului dativ):
루마니아어의 일부 전치사 및 형용사들은 여격을 요구한다.

favorabil adj. ~에 유리한
예: Clima de aici este favorabilă agriculturii.
caracteristic = specific adj. ~특성을 지니고 있는
예: construcţii specifice limbii române
potrivit prep. ~알맞은, ~에 따라, ~일치하는(게)
= conform = corespunzător = asemănător
예: Potrivit legii aveţi obligaţia să declaraţi pierderea la poliţie.

제 18 과 도서관에서(La bibliotecă)

1. 대화(Dialog)

Domnul Kim : Bună ziua. Aş dori să împrumut câteva cărţi.
돔눌 김 부너 지우아 아슈 도리 서 읍프루무트 크테바 커르치

Bibliotecarul : Cu mare plăcere. Ce anume vă interesează?
비블리오테카룰 쿠 마레 플러체레 체 아누메 버 인테레세아저

Domnul Kim : Vreau să aflu mai multe despre perfectul
브레아우 서 아플루 마이 물테 데스프레 페르펙툴

simplu şi mai mult ca perfectul în limba română.
심플루 쉬 마이 물트 카 페르펙툴 은 림바 로므너

Bibliotecarul : Este un subiect foarte interesant. Vă pot
예스테 운 수비엑트 포아르테 인테레산트 버 포트

spune că aceste două timpuri sunt destul de
스푸네 커 아체스테 도우어 팀푸리 순트 데스툴 데

asemănătoare, dar au sensuri diferite.
아세머너토아레 다르 아우 센수리 디페리테

Domnul Kim : Puteţi să-mi daţi câteva exemple?
푸테치 서 미 다치 크테바 엑젬플레

Bibliotecarul : De exemplu, verbul a cânta are următoarele
데 엑젬플루 베르불 아 큰타 아레 우르머토아렐레

forme : la perfectul simplu, cântai, cântaşi, cântă,
포르메 라 페르펙툴 심풀루 큰타이 큰타쉬 큰터

cântarăm, cântarăţi, cântară, iar la mai mult ca
큰타럼 큰타러치 큰타러 이아르 라 마이 물트 카

perfect cântasem, cântaseşi, cântase, cântaserăm,
페르펙트 큰타셈 큰타세쉬 큰타세 큰타세럼

cântaserăţi, cântaseră.
큰타세러치 큰타세러

Domnul Kim : Ce diferenţă este între cele două forme?
체 디페렌처 예스테 은트레 첼레 도우어 포르메

Bibliotecarul : Perfectul simplu exprimă o acţiune terminată,
페르펙툴 심플루 엑스프리머 오 악치우네 테르미나터

iar mai mult ca perfectul exprimă o acţiune terminată
이아르 마이 물트 카 페르펙툴 엑스프리머 오 악치우네 테르미나터

înaintea altei acţiuni trecute.
으나인테아 알테이 악치우니 트레쿠테

Domnul Kim : Unde pot găsi mai multe informaţii despre
운데 포트 거시 마이 물테 인포르마치 데스프레

acest subiect?
아체스트 수비엑트

Bibliotecarul : La stânga, este un fişier general, iar la
라 스틍가 예스테 운 피쉬에르 제네랄 이아르 라

dreapta, este un fişier tematic. Puteţi găsi acolo
드레압타 예스테 운 피쉬에르 테마틱 푸테치 거시 아콜로

multe lucrări de specialitate.
물테 루크러리 데 스페치알리타테

김씨 : 안녕하십니까? 책을 몇 권 빌리려고 합니다.

사서 : 어떤 특별한 것에 관심이 있으십니까?

김씨 : 루마니아어의 단순과거 시제와 대과거 시제에 관하여 좀 더 알아보려고 합니다.

사서 : 매우 흥미로운 주제이군요. 이 두 시제들은 유사하지 만

다른 의미를 지니고 있습니다.

김씨 : 몇 가지 예를 들어주실 수 있습니까?

사서 : 예를 들면 a cânta 동사는 단순과거에서 cântai, cântaşi, cântă, cântarăm, cântarăţi, cântară, 및 대과거에서 cântasem, cântaseşi, cântase, cântaserăm, cântaserăţi, cântaseră. 등과 같이 형태변화를 하지요.

김씨 : 두 시제들 사이엔 어떤 차이점이 있습니까?

사서 : 단순과거는 종료된 행위를 표현하는 반면에 대과거는 과거의 다른 행위 이전에 종료된 행위를 나타내는 것이죠.

김씨 : 이 주제에 관한 보다 많은 정보를 어디서 발견할 수 있습니까?

사서 : 왼쪽엔 일반적인 카드 색인이 있고, 오른쪽엔 주제 별 카드 색인이 있습니다. 거기에서 많은 특수한 것들을 발견할 수 있습니다.

2. 유용한 표현(Expresiile uzuale)

대학 중앙 도서관이 어디 있습니까?

Unde-i B.C.U.(Biblioteca Centrală Universitară)?
운데 이 베 체 우(비블리오테카 첸트랄러 우니베르시타러)

이 근처 공립 도서관이 있습니까?

Este vreo bibliotecă publică prin apropiere?
예스테 브레오 비블리오테커 푸블리커 프린 아프로피에레

시립 도서관에 들어갑시다.

Să intrăm în biblioteca municipală.
서 인트럼 은 비블리오테카 무니치팔러

도서 대출과가 어디입니까?

Unde este secţia de împrumut?
운데 예스테 섹치아 데 음프루무트

열람실은 어디 있습니까?

Unde este sala de lectură?
운데 예스테 살라 데 렉투러

열람증을 가지고 계십니까?

Aveţi legitimaţie de cititor?
아베치 레지티마치에 데 치티토르

책을 몇 권 빌리고 싶은데요.

Aş dori să împrumut nişte cărţi.
아슈 도리 서 음프루무트 니슈테 커르치

이 양식을 기입해 주시겠습니까?

Vreţi să completaţi acest formular?
브레치 서 콤플레타치 아체스트 포르물라르

얼마를 지불해야 하나요?

Cât trebuie să plătesc?
크트 트레부이에 서 플러테스크

책들은 무료로 빌려드립니다.

Cărţile se împrumută gratuit.
커르칠레 세 음프루무터 그라투이트

혹시 브리타니카 대 백과 사전을 가지고 계시나요?

Aveţi din întâmplare Enciclopedia Britanică?
아베치 딘 은틈플라레 엔치클로페디아 브리타니커

외국 신문들과 잡지들도 보유하고 계십니까?

Dumneavoastră ţineţi ziare şi reviste străine?
둠네아보아스트러 치네치 지아레 쉬 레비스테 스트러이네

도서 색인 목록을 찾아보시죠?

Cercetaţi cataloagele noastre de cărţi.
체르체타치 카탈로아젤레 노아스트레 데 커르치

색인 목록 카드 함이 어디 있습니까?

Unde este fişierul?
운데 예스테 피쉬에룰

제가 찾고 있는 제목을 발견할 수 있도록 도와주시겠습니까?

Vreţi să mă ajutaţi să găsesc titlul pe care îl caut?
브레치 서 머 아주타치 서 거세스크 티틀룰 페 카레 을 카우트

책꽂이 위에 있는 책들을 좀 봐도 되겠습니까?

Îmi permiteţi să mă uit la cărţile de pe rafturi?
으미 페르미테치 서 머 우이트 라 커르칠레 데 페 라프투리

저에게 루마니아 작가가 쓴 쉬운 소설 한 권을 추천해 주실 수 있습니까?

Îmi puteţi recomanda un roman uşor de un autor român?
으미 푸테치 레코만다 운 로만 우쇼르 데 운 아우토르 로믄

이 책을 언제까지 반환해야 합니까?

Când va fi înapoiată?
큰드 바 피 으나포이아터

이 책을 얼마 동안 대출할 수(빌려 볼 수) 있습니까?

Cât timp pot să o ţin?
크트 팀프 포트 서 오 친

일 주일 동안 더 대출할 수(연기할 수) 있습니까?

O mai pot ţine o săptămână?
오 마이 포트 치네 오 섭터므너

3. 낱말 풀이(Cuvinte)

timp 팀프	n. 시간
oră 오러	f. 시, 시간, 번
zi 지	f. 낮, 날
capitol 카피톨	n. (책 따위의)장
bibliotecă 비블리오테커	f. 도서관
permis 페르미스	n. 면허증, 출입증
roman 로만	n. 소설
autor 아우토르	m. 작가
modern 모데른	adj. 현대적인
interesant 인테레산트	adj. 흥미있는
uşor 우쇼르	adj. 쉬운, 가벼운
asemănător 아세머너토르	adj. 유사한
înapoi 으나포이	adv. 뒤로, 거꾸로

despre 데스프레	prep. 관하여
iar 이아르	conj. 한편, 그러나, 그리고
a exprima 엑스프리마	vt. 표현하다
a găsi 거시	vt. 발견하다
a cere 체레	vt. 요구하다, 청하다
a copia 코피아	vt. 복사하다
a arăta 아러타	vt. 제시하다, 가르키다
a interesa 인테레사	vt. 관심을 끌다, 흥미롭게 하다
a da înapoi	= a înapoia vt. 돌려주다
a da exemple	예를 들다
de exemplu	예를 들면
despre literatura modernă	현대 문학에 관한
despre istoria mondială	세계 역사에 관한
(timp de) o oră	한 시간 동안
(timp de) o săptămână	일 주일 동안

4. 문법(Gramatică)

1) 대과거 시제
(Modul indicativ, timpul mai mult ca perfect)

① 동사의 활용(Conjugarea verbelor):

루마니아어 동사의 대과거(일명 과거완료)시제는 소위 종합적인 형태를 취한다. 다시 말하자면 인칭 변화에서 조동사가 필요 없이 어간에 활용 어미의 변화로 나타내어진다.

대과거 시제의 어간은 동사의 과거분사형에서 -t 를 제외한 부분에, 단 과거 분사가 -s 로 끝나는 동사는 과거 분사형 + e 에다 대과거 시제 접미사 -se-를 붙인 것이다.

인칭	-a동사	-e동사	-ea동사	-i동사	-î동사	활용어미
1.단수	-ase	-use -sese	-use	-ise	-îse	-m
2.단수						-şi
3.단수						-Ø
1.복수						-răm
2.복수						-răţi
3.복수						-ră

예:

	a cânta	a face	a merge
1.	cântasem	făcusem	mersesem
2.	cântaseşi	făcuseşi	merseseşi
3.	cântase	făcuse	mersese
4.	cântaserăm	făcuserăm	merseserăm
5.	cântaserăţi	făcuserăţi	merseserăţi
6.	cântaseră	făcuseră	merseseră

	a vedea	a veni	a coborî
1.	văzusem	venisem	coborâsem
2.	văzuseşi	veniseşi	coborâseşi
3.	văzuse	venise	coborâse
4.	văzuserăm	veniserăm	coborâserăm
5.	văzuserăţi	veniserăţi	coborâserăţi
6.	văzuseră	veniseră	coborâseră

② 불규칙 동사(Verbele neregulate)

	a fi	a avea	a da	a sta
1.	fusesem	avusesem	dădusem	stătusem
2.	fuseseşi	avuseseşi	dăduseşi	stătuseşi
3.	fusese	avusese	dăduse	stătuse
4.	fuseserăm	avuseserăm	dăduserăm	stătuserăm
5.	fuseserăţi	avuseserăţi	dăduserăţi	stătuserăţi
6.	fuseseră	avuseseră	dăduseră	stătuseră

③ 용법(Valoarea):

대과거 시제는 일반적으로 과거의 행위보다 앞서서 일어났던 행위나 사건을 나타낼 때에 사용된다. 그러나 대과거는 구어체에서는 잘 사용되지 않고 있다.

예:

Când am ajuns acasă, plecase deja.

Când am intrat în sală, filmul începuse.

Ajunsesem acolo înainte de întoarcerea lui.

2) 단순과거 시제(Modul indicativ, timpul perfect simplu)

① 동사의 활용(Conjugarea verbelor):

루마니아어 동사의 단순과거 시제도 대과거 시제와 마찬가지로 소위 종합적인 형태를 취한다.

또한 단순과거의 활용 형태도 대과거 시제와 같이 동사의 과거분사형에서 -t 를 제외한 부분이 어간이 되며, 과거 분사가 -s 로 끝나는 동사의 어간은 과거 분사형 + e 이다.

단순과거는 오늘날 표준어에선 더 이상 사용되지 않으며, 단지 올테니아 지방의 방언에서만 남아 있는 시제이다.

<table>
<tr><th>인칭</th><th>-a동사</th><th>-e동사</th><th>-ea동사</th><th>-i동사</th><th>-î동사</th><th>활용어미</th></tr>
<tr><td>1.단수</td><td rowspan="6">-a</td><td rowspan="6">-u
-se</td><td rowspan="6">-u</td><td rowspan="6">-i</td><td rowspan="6">-î</td><td>-i</td></tr>
<tr><td>2.단수</td><td>-şi</td></tr>
<tr><td>3.단수</td><td>-Ø</td></tr>
<tr><td>1.복수</td><td>-răm</td></tr>
<tr><td>2.복수</td><td>-răţi</td></tr>
<tr><td>3.복수</td><td>-ră</td></tr>
</table>

예:

	a cânta	a face	a merge
1.	cântai	făcui	mersei
2.	cântaşi	făcuşi	merseşi
3.	cântă	făcu	merse
4.	cântarăm	făcurăm	merserăm
5.	cântarăţi	făcurăţi	merserăţi
6.	cântară	făcură	merseră

* -a 로 끝나는 동사의 3 인칭 단수형은 -ă 이다.

	a vedea	a veni	a coborî
1.	văzui	venii	coborâi
2.	văzuşi	venişi	coborâşi
3.	văzu	veni	coborî
4.	văzurăm	venirăm	coborârăm
5.	văzurăţi	venirăţi	coborârăţi
6.	văzură	veniră	coborâră

② 불규칙 동사(Verbele neregulate)

	a fi	a avea	a da	a sta
1.	fusei	avusei	dădui	stătui
2.	fuseşi	avuseşi	dăduşi	stătuşi
3.	fu(se)	avu(se)	dădu	stătu
4.	fuserăm	avuserăm	dădurăm	stăturăm
5.	fuserăţi	avuserăţi	dădurăţi	stăturăţi
6.	fuseră	avuseră	dădură	stătură

제 3 장(Partea a treia)

부록(Indice)

I. 루마니아어 기본문법(Tabele gramaticale)

1. 명사(Substantivul)

1) 성(Genul)

<table>
<tr><th>남성</th><th>중성</th><th>여성</th></tr>
<tr><td colspan="2">-자음
-u
-e
-i</td><td>-ă
-e
-ie
-ea
-a</td></tr>
</table>

예:

lup, tren
codru, teatru
frate, nume
cui, taxi

casă
carte
cheie, familie
măsea
pijama

2) 수(Numărul)

성	단수	복수	예):
남성	-자음	-i	elev-elevi
	-u	-i	metru-metri
	-e	-i	perete-pereţi
중성	-자음, -i	-e, -uri	caiet-caiete, taxi-taxiuri
	-u	-e, uri	teatru-teatre, tablou-tablouri
	-(i)u	-(i)i	fotoliu-fotolii
여성	-ă	-e, -i	fată-fete, lampă-lampi
	-e	-i	floare-flori
	-ea, -a	-le	şosea-şosele, basma-basmale

성	단수	복수	예:
남성	-자음	-i	elev-elevi
	-u	-i	metru-metri
	-e	-i	perete-pereţi
중성	-자음, -i	-e, -uri	caiet-caiete, taxi-taxiuri
	-u	-e, uri	teatru-teatre, tablou-tablouri
	-(i)u	-(i)i	fotoliu-fotolii
여성	-ă	-e, -i	fată-fete, lampă-lampi
	-e	-i	floare-flori
	-ea, -a	-le	şosea-şosele, basma-basmale

2. 관사(Articolul)

1) 부정관사(Articolul nehotărât)

격 \ 수 성	단수			복수		
	남성	중성	여성	남성	중성	여성
주격/목적격	un		o	nişte		
소유격/여격	unui		unei	unor		

2) 정관사(Articolul hotărât)

단수		
성	어말	정관사
남성/중성	-자음, -i	-ul
	-u	-l
	-e	-le
여성	-ă, -e	-a
	-ea, -a	-ua

예:

om-omul, pui-puiul

stilou-stiloul

nasture-nasturele

casă-casa, pâine-pâinea

stea-steaua, pijama-pijamaua

3) 명사의 곡용(Declinarea substativelor)

ⓐ부정관사가 올 경우:

격	수	남성	여성	중성
주격	단수	un profesor	o profesoară	un tablou
	복수	nişte profesori	nişte profesoare	nişte tablouri
소유격	단수	unui profefor	unei profesoare	unui tablou
	복수	unor profesori	unor profesoare	unor tablouri
여격	단수	unui profefor	unei profesoare	unui tablou
	복수	unor profesori	unor profesoare	unor tablouri
목적격	단수	un profesor	o profesoară	un tablou
	복수	nişte profesori	nişte profesoare	nişte tablouri

ⓑ 정관사가 올 경우:

격	수	남성	여성	중성
주격	단수	profesorul	profesoara	tabloul
	복수	profesorii	profesoarele	tablourile
소유격	단수	profesorului	profesoarei	tabloului
	복수	profesorilor	profesoarelor	tablourilor
여격	단수	profesorului	profesoarei	tabloului
	복수	profesorilor	profesoarelor	tablourilor
목적격	단수	profesorul	profesoara	tabloul
	복수	profesorii	profesoarele	tablourile

4) 소유 관사(Articolul genitival)

단수			복수		
남성	중성	여성	남성	중성	여성
al		a	ai	ale	

예:

acest câine al vecinului
aceşti câini ai vecinului
această pisică a vecinului
aceste pisici ale vecinului

5) 지시 관사(Articolul demonstrativ)

수 / 성 / 격	단수			복수		
	남성	중성	여성	남성	중성	여성
주격/목적격	cel		cea	cei	cele	
소유격/여격	celui		celei	celor		

예:

(colegul) cel nou
(colegului) celui nou
(colegii) cei noi
(colegilor) celor noi

3. 형용사(Adjectivul)

1) 형용사의 곡용(Adjectivul calificativ)

<table>
<tr><th rowspan="2">형태</th><th colspan="3">단수</th><th colspan="3">복수</th></tr>
<tr><th>남성</th><th>중성</th><th>여성</th><th>남성</th><th>중성</th><th>여성</th></tr>
<tr><td rowspan="2">4</td><td colspan="2" rowspan="2">-Ø, -u</td><td>-ă</td><td rowspan="2">-i</td><td colspan="2" rowspan="2">-e</td></tr>
<tr><td>-e</td></tr>
<tr><td rowspan="2">3</td><td colspan="2" rowspan="2">-Ø</td><td>-ă</td><td colspan="3" rowspan="2">-i</td></tr>
<tr><td>-i</td></tr>
<tr><td>2</td><td colspan="3">-e</td><td colspan="3">-i</td></tr>
<tr><td>1</td><td colspan="6">-</td></tr>
</table>

예:

alb, albă, albi, albe
negru, neagră, negri, negre

mic, mică, mici

dulce, dulci

bej, bleu, gri, maro, roz

2) 부정관사와 함께 사용되는 경우

단 수

격	남성	여성	중성
N.	un profesor tânăr	o profesoară tânără	un tablou frumosG
G.	unui profesor tânăr	unei profesoare tinere	unui tablou frumos
D.	unui profesor tânăr	unei profesoare tinere	unui tablou frumos
A.	un profesor tânăr	o profesoară tânără	un tablou frumos

복 수

N.	nişte prefesori tineri	nişte prefesoare tinere	nişte tablouri frumoase
G.	unor profesori tineri	unor profesoare tinere	unor tablouri frumoase
D.	unor profesori tineri	unor profesoare tinere	unor tablouri frumoase
A.	nişte prefesori tineri	nişte prefesoare tinere	nişte tablouri frumoase

3) 정관사와 함께 사용되는 경우

단 수

남성	여성	중성
profesorul tânăr	profesoara tânără	tabloul frumos
profesorului tânăr	profesoarei tinere	tabloului frumos
profesorului tânăr	profesoarei tinere	tabloului frumos
profesorul tânăr	profesoara tânără	tabloul frumos

복 수

남성	여성	중성
profesorii tineri	profesoarele tinere	tablourile frumoase
profesorilor tineri	profesoarelor tinere	tablourilor frumoase
profesorilor tineri	profesoarelor tinere	tablourilor frumoase
profesorii tineri	profesoarele tinere	tablourile frumoase

4) 비교(Gradele de comparaţie)

① 비교급(Gradul comparativ)

<table>
<tr><td>동등비교</td><td>la fel
tot atât
tot aşa</td><td>de</td><td rowspan="3">형용사</td><td>ca</td><td rowspan="3">명사
목적격 대명사</td></tr>
<tr><td>우등비교</td><td colspan="2">mai</td><td rowspan="2">decât
ca</td></tr>
<tr><td>열등비교</td><td colspan="2">mai puţin</td></tr>
</table>

예: la fel de înalt ca tine
mai înalt decât tine
mai puţin înalt decât tine

② 절대 최상급(Superlativul absolut)

<table>
<tr><td>foarte, prea, tare</td><td></td><td rowspan="3">형용사</td></tr>
<tr><td>grozav, nemaipomenit,
straşnic, îngrozitor</td><td rowspan="2">de</td></tr>
<tr><td>deosebit, extrem,
extraordinar, teribil</td></tr>
</table>

예:
foarte bun
prea dulce
grozav de frumoasă
extrem de scump

③ 관계(상대) 최상급(Superlativul relativ)

<table>
<tr><td>cel</td><td rowspan="4">mai</td><td rowspan="4">형용사</td><td rowspan="4">무관사
명사</td><td rowspan="2">din</td><td rowspan="2">단수명사</td></tr>
<tr><td>cea</td></tr>
<tr><td>cei</td><td rowspan="2">dintre</td><td rowspan="2">복수명사
복수대명사</td></tr>
<tr><td>cele</td></tr>
</table>

예: El este cel mai silitor (student) din grupă.

<table>
<tr><td rowspan="4">정관사를 취하는 명사</td><td>cel</td><td rowspan="4">mai</td><td rowspan="4">형용사</td><td rowspan="2">din</td><td rowspan="2">단수명사</td></tr>
<tr><td>cea</td></tr>
<tr><td>cei</td><td rowspan="2">dintre</td><td rowspan="2">단수명사
복수명사</td></tr>
<tr><td>cele</td></tr>
</table>

예: El este studentul cel mai silitor dintre toţi.

4. 대명사(Pronumele)

1) 인칭대명사(Pronumele personal)

<table>
<tr><td rowspan="2">인칭 / 격</td><td rowspan="2">1.</td><td rowspan="2">2.</td><td colspan="2">3.</td><td rowspan="2">4.</td><td rowspan="2">5.</td><td colspan="2">6.</td></tr>
<tr><td>남성</td><td>여성</td><td>남성</td><td>여성</td></tr>
<tr><td>주격</td><td>eu</td><td>tu</td><td>el</td><td>ea</td><td>noi</td><td>voi</td><td>ei</td><td>ele</td></tr>
<tr><td>소유격</td><td>-</td><td>-</td><td>lui</td><td>ei</td><td>-</td><td>-</td><td colspan="2">lor</td></tr>
<tr><td rowspan="2">여격</td><td>mie</td><td>ţie</td><td>lui</td><td>ei</td><td>nouă</td><td>vouă</td><td colspan="2">lor</td></tr>
<tr><td>îmi
-mi-</td><td>îţi
-ti-</td><td colspan="2">îi, -i-</td><td>-ne-
-ni-</td><td>-vă,
v-,
-vi-</td><td colspan="2">-le-, -li-</td></tr>
<tr><td rowspan="2">목적격</td><td>mine</td><td>tine</td><td>el</td><td>ea</td><td>noi</td><td>voi</td><td>ei</td><td>ele</td></tr>
<tr><td>-mă,
m-</td><td>-te-</td><td>îl, -l,
l-</td><td>-o</td><td>-ne-</td><td>-vă, v-</td><td>îi, -i,
i-</td><td>-le-</td></tr>
</table>

예: mă aşteaptă, aşteaptă-mă, m-a aşteptat
ţi se pare, dându-ţi, ti-a dat
îl vede, văzându-l, l-a văzut
o întâlneşte, întâlnind-o, ar întâlnit-o
ni se cere, dându-ni-l
trezindu-vă, v-a trezit
strigându-vă, i-a strigat
le desenează, desenaţi-le!, le-ar desena

2) 존칭 인칭대명사(Pronumele personal de politeţe)

<table>
<tr><th rowspan="2">인칭 / 격</th><th rowspan="2">2.</th><th rowspan="2">5.</th><th colspan="2">3.</th><th colspan="2">6.</th></tr>
<tr><th>남성</th><th>여성</th><th>남성</th><th>여성</th></tr>
<tr><td rowspan="2">주격/목적격</td><td>dumneata</td><td rowspan="4">dumneavoastră</td><td>dânsul</td><td>dânsa</td><td>dânşii</td><td>dânsele</td></tr>
<tr><td>dumneavoastră</td><td>dumnealui</td><td>dumneaei</td><td colspan="2">dumnealor</td></tr>
<tr><td rowspan="2">소유격/여격</td><td>dumitale</td><td>dânsului</td><td>dânsei</td><td>dânşilor</td><td>dânselor</td></tr>
<tr><td>dumneavoastră</td><td>dumnealui</td><td>dumneaei</td><td colspan="2">dumnealor</td></tr>
</table>

예: Dumneata lucrezi în fabrică?
Care e lucrarea dumitale?
Dânşii aşteaptă pe coridor.
Dumneavoastră mergeţi în excursie?
Propunerea dumnealui va fi analizată mâine.

3) 재귀 대명사(Pronumele reflexiv)

인칭 / 격	1.	2.	3.	4.	5.	6.
여격	îmi -mi-	îţi -ti-	îşi -şi-	-ne- ni-	-vă vi-	îşi -şi-
목적격	-mă m-	-te-	-se s-	-ne-	-vă v-	-se s-

예: îşi aminteşte amintindu-şi şi-a amintit
se gândeşte gândindu-se s-a gândit

4)지시대명사 및 형용사 (Pronumele şi adjectivul demonstativ)

① 근접: acesta 이(것)

㉠ 명사 뒤에 올 경우:

수 / 격	단수			복수			예:
	남성	중성	여성	남성	중성	여성	
주격 목적격	acesta		aceasta	aceştia	acestea		(blocul) acesta
소유격 여격	acestuia		acesteia	acestora			(fetei) acesteia

㉡ 명사 앞에 올 경우:

수 / 격	단수			복수			
	남성	중성	여성	남성	중성	여성	예:
주격 목적격	acest		această	acești	aceste		acest bloc
소유격 여격	acestui		acestei	acestor			acestei fete

② 구어체형: ăsta

수 / 격	단수			복수			
	남성	중성	여성	남성	중성	여성	예:
주격 목적격	ăsta		asta	ăştia	astea		maşina asta
소유격 여격	ăstuia		ăsteia	ăstora			bagajele ăstora

③ 원접: acela 저(것)

㉠ 명사 뒤에 올 경우:

수 / 격	단수			복수			
	남성	중성	여성	남성	중성	여성	예:
주격 목적격	acela		aceea	aceia	acelea		acea maşină
소유격 여격	aceluia		aceleia	acelora			acelor copii

㉡ 명사 앞에 올 경우:

격 \ 수	단수			복수			
	남성	중성	여성	남성	중성	여성	예:
주격 목적격	acel		acea	acei	acele		acea maşină
소유격 여격	acelui		acelei	acelor			acelor copii

④ celălalt 다른 것

격 \ 수	단수			복수			
	남성	중성	여성	남성	중성	여성	예:
주격 목적격	celălalt		cealaltă	ceilalţi	celelalte		biletele celelalte
소유격 여격	celuilalt		celeilalte	celorlalţi	celorlalte		celelalte (bilete)

⑤ acelaşi 바로 똑같은(것, 사람)

격 \ 수	단수			복수			
	남성	중성	여성	남성	중성	여성	예:
주격 목적격	acelaşi		aceeaşi	aceiaşi	aceleaşi		aceeaşi piesă
소유격 여격	aceluiaşi		aceleiaşi	aceloraşi			aceloraşi sportivi

5) 소유대명사 및 형용사(Pronumele şi adjectivul posesiv)

<table>
<tr><th rowspan="3">수
인칭</th><th colspan="3">단수</th><th colspan="3">복수</th><th rowspan="3"></th><th rowspan="3"></th></tr>
<tr><th>남성</th><th>중성</th><th>여성</th><th>남성</th><th>중성</th><th>여성</th></tr>
<tr><th colspan="2">al</th><th>a</th><th>ai</th><th colspan="2">ale</th></tr>
<tr><td>1.</td><td colspan="2">meu</td><td>mea</td><td>mei</td><td colspan="2">mele</td><td rowspan="6">소
유
대
명
사</td><td rowspan="6">소
유
형
용
사</td></tr>
<tr><td>2.</td><td colspan="2">tău</td><td>ta</td><td>tăi</td><td colspan="2">tale</td></tr>
<tr><td>3.</td><td colspan="2">său</td><td>sa</td><td>săi</td><td colspan="2">sale</td></tr>
<tr><td>4.</td><td colspan="2">nostru</td><td>noastră</td><td>noştri</td><td colspan="2">noastre</td></tr>
<tr><td>5.</td><td colspan="2">vostru</td><td>voastră</td><td>voştri</td><td colspan="2">voastre</td></tr>
<tr><td>6.</td><td colspan="2">–</td><td>–</td><td>–</td><td colspan="2">–</td></tr>
</table>

인칭대명사 소유격의 소유형용사적 용법

<table>
<tr><th>인칭</th><th>성</th><th>대명사</th></tr>
<tr><td rowspan="2">3.</td><td>남성</td><td>lui</td></tr>
<tr><td>여성</td><td>ei</td></tr>
<tr><td rowspan="2">6.</td><td>남성</td><td rowspan="2">lor</td></tr>
<tr><td>여성</td></tr>
</table>

예:

ceasul lui – al lui

cămaşa lui – a lui

banii lui – ai lui
cărţile lui – ale lui

6) 의문대명사 및 형용사 (Pronumele şi adjectivul interogativ)

① 의문대명사: cine 누구

격 \ 수	단수		
	남성	중성	여성
주격 목적격	cine		
소유격 여격	cui		

예:

Cine e acela?

Al cui e geamantanul?

② 의문대명사 및 형용사: ce 무엇

격 \ 수	단수		
	남성	중성	여성
주격 목적격	ce		
소유격 여격	–		

예:

Ce ai citit?

Ce carte ai citit?

③ cât 얼마나

격 \ 수		단수			복수		
		남성	중성	여성	남성	중성	여성
주격 목적격	대명사	–			câţi	câte	
	형용사	cât		câtă			
소유격 여격	대명사	–			câtora		
	형용사				câtor		

예:

Cât costă biletul?

Câtă sforă ai?

Câte (vederi) ai?

④ care 어느(것)

격 \ 수		단수			복수		
		남성	중성	여성	남성	중성	여성
주격 목적격	대명사	care					
	형용사						
소유격 여격	대명사	căruia		căreia	cărora		
	형용사	cărui		cărei	căror		

예:
care (frate)?
care (copii)?
cărui frate ~?
căruia

7) 부정대명사 및 형용사(Pronumele şi adjectivul nehotărât)

① fiecare 각자(의)

격 \ 수		단수		
		남성	중성	여성
주격 목적격	대명사	fiecare		
	형용사			
소유격 여격	대명사	fiecăruia		fiecăreia
	형용사	fiecărui		fiecărei

예:
fiecare (om)
fiecărei fete - fiecăreia

② tot 모두(의)

격 \ 수	단수			복수		
	남성	중성	여성	남성	중성	여성
주격 목적격	tot		toată	toţi	toate	
소유격 여격				tuturor		

예:
Am mâncat tot.
Toţi (studentii) sunt în amfiteatru.

③ atât(a) 그만큼

<table>
<tr><th colspan="2" rowspan="2">수 / 격</th><th colspan="3">단수</th><th colspan="3">복수</th></tr>
<tr><th>남성</th><th>중성</th><th>여성</th><th>남성</th><th>중성</th><th>여성</th></tr>
<tr><td rowspan="2">주격 목적격</td><td>대명사</td><td colspan="3" rowspan="2">atât(a)</td><td rowspan="2">atâţi(a)</td><td colspan="2" rowspan="2">atâtea</td></tr>
<tr><td>형용사</td></tr>
<tr><td rowspan="2">소유격 여격</td><td>대명사</td><td colspan="3" rowspan="2">-</td><td colspan="3">atâtora</td></tr>
<tr><td>형용사</td><td colspan="3">atâtor</td></tr>
</table>

예):

A lipsit atâta (vreme)!

Când ai citit atâtea (cărţi)?

④ unul/un 어떤 한(사람)

<table>
<tr><th colspan="2" rowspan="2">수 / 격</th><th colspan="3">단수</th><th colspan="3">복수</th></tr>
<tr><th>남성</th><th>중성</th><th>여성</th><th>남성</th><th>중성</th><th>여성</th></tr>
<tr><td rowspan="2">주격 목적격</td><td>대명사</td><td colspan="2">unul</td><td>una</td><td rowspan="2">unii</td><td colspan="2" rowspan="2">unele</td></tr>
<tr><td>형용사</td><td colspan="2">un</td><td>o</td></tr>
<tr><td rowspan="2">소유격 여격</td><td>대명사</td><td colspan="2">unuia</td><td>uneia</td><td colspan="3">unora</td></tr>
<tr><td>형용사</td><td colspan="2">unui</td><td>unei</td><td colspan="3">unor</td></tr>
</table>

예:

un frate - unul

unui frate - unuia

⑤ altul/alt 다른(사람)

<table>
<tr><th colspan="2" rowspan="2">수 / 격</th><th colspan="3">단수</th><th colspan="3">복수</th></tr>
<tr><th>남성</th><th>중성</th><th>여성</th><th>남성</th><th>중성</th><th>여성</th></tr>
<tr><td rowspan="2">주격 목적격</td><td>대명사</td><td colspan="2">altul</td><td>alta</td><td>alţii</td><td colspan="2">altele</td></tr>
<tr><td>형용사</td><td colspan="2">alt</td><td>altă</td><td>alţi</td><td colspan="2">alte</td></tr>
<tr><td rowspan="2">소유격 여격</td><td>대명사</td><td colspan="2">altuia</td><td>alteia</td><td colspan="3">altora</td></tr>
<tr><td>형용사</td><td colspan="2">altui</td><td>altei</td><td colspan="3">altor</td></tr>
</table>

예:

altă maşină-alta

altei surori-alteia

⑥ vreunul/vreun 어떤~, 누군가

<table>
<tr><th colspan="2" rowspan="2">수 / 격</th><th colspan="3">단수</th><th colspan="3">복수</th><th rowspan="2">예:</th></tr>
<tr><th>남성</th><th>중성</th><th>여성</th><th>남성</th><th>중성</th><th>여성</th></tr>
<tr><td rowspan="2">주격
목적격</td><td>대명사</td><td colspan="2">vreunul</td><td>vreuna</td><td rowspan="2">vreunii</td><td colspan="2" rowspan="2">vreunele</td><td rowspan="2">vreun tablou-
vreunul</td></tr>
<tr><td>형용사</td><td colspan="2">vreun</td><td>vreo</td></tr>
<tr><td rowspan="2">소유격
여격</td><td>대명사</td><td colspan="2">vreunuia</td><td>vreuneia</td><td colspan="3">vreunora</td><td rowspan="2">vreunei colege-
vreuneia</td></tr>
<tr><td>형용사</td><td colspan="2">vreunui</td><td>vreunei</td><td colspan="3">vreunor</td></tr>
</table>

⑦ cineva 누군가(를)

<table>
<tr><th rowspan="2">수 / 격</th><th colspan="3">단수</th><th rowspan="2">예:</th></tr>
<tr><th>남성</th><th>중성</th><th>여성</th></tr>
<tr><td>주격
목적격</td><td colspan="3">cineva</td><td>Te-a căutat cineva.</td></tr>
<tr><td>소유격
여격</td><td colspan="3">cuiva</td><td>I-am spus cuiva.</td></tr>
</table>

⑧ ceva 무엇인가(를)

<table>
<tr><th rowspan="2">수 / 격</th><th colspan="3">단수</th><th rowspan="2"></th></tr>
<tr><th>남성</th><th>중성</th><th>여성</th></tr>
<tr><td>주격
목적격</td><td colspan="3">ceva</td><td>예:
Vreau să te rog ceva</td></tr>
<tr><td>소유격
여격</td><td colspan="3">-</td><td></td></tr>
</table>

⑨ câţva 몇몇의

<table>
<tr><th colspan="2" rowspan="2">수 / 성 / 격</th><th colspan="3">단수</th><th colspan="3">복수</th></tr>
<tr><th>남성</th><th>중성</th><th>여성</th><th>남성</th><th>중성</th><th>여성</th></tr>
<tr><td rowspan="2">주격
목적격</td><td>대명사</td><td colspan="3">-</td><td rowspan="2">câţiva</td><td colspan="2" rowspan="2">câteva</td></tr>
<tr><td>형용사</td><td colspan="2">câţva</td><td>câtăva</td></tr>
<tr><td rowspan="2">소유격
여격</td><td>대명사</td><td colspan="3" rowspan="2">-</td><td colspan="3" rowspan="2">câtorva</td></tr>
<tr><td>형용사</td></tr>
</table>

예:

Am lipsit din oraş câtva timp

Au vorbit câteva (persoane)

⑩ altcineva 다른 누군가

<table>
<tr><th rowspan="2">수 / 격</th><th colspan="3">단수</th></tr>
<tr><th>남성</th><th>중성</th><th>여성</th></tr>
<tr><td>주격
목적격</td><td colspan="3">altcineva</td></tr>
<tr><td>소유격
여격</td><td colspan="3">altcuiva</td></tr>
</table>

예:

N-a venit Maria, ci altcineva.

Nu e al meu, e al altcuiva.

⑪ altceva 다른 무엇인가

<table>
<tr><th rowspan="2">수 / 격</th><th colspan="3">단수</th></tr>
<tr><th>남성</th><th>중성</th><th>여성</th></tr>
<tr><td>주격
목적격</td><td colspan="3">altceva</td></tr>
<tr><td>소유격
여격</td><td colspan="3">-</td></tr>
</table>

예:

Nu vreau ceai, vreau altceva

⑫ oricine 모든 사람~, 누구나~

<table>
<tr><th rowspan="2">수 / 격</th><th colspan="3">단수</th></tr>
<tr><th>남성</th><th>중성</th><th>여성</th></tr>
<tr><td>주격
목적격</td><td colspan="3">oricine</td></tr>
<tr><td>소유격
여격</td><td colspan="3">oricui</td></tr>
</table>

예:
Poate să vină oricine.
N-o să-(i) povestesc oricui.

⑬ orice 무엇이든~

<table>
<tr><th rowspan="2">수 / 격</th><th colspan="3">단수</th></tr>
<tr><th>남성</th><th>중성</th><th>여성</th></tr>
<tr><td>주격
목적격</td><td colspan="3">orice</td></tr>
<tr><td>소유격
여격</td><td colspan="3">-</td></tr>
</table>

예:
Desenez orice (peisaj)

⑭ oricât 얼마나 많을지라도

<table>
<tr><th colspan="2" rowspan="2">수 / 격</th><th colspan="3">단수</th><th colspan="3">복수</th></tr>
<tr><th>남성</th><th>중성</th><th>여성</th><th>남성</th><th>중성</th><th>여성</th></tr>
<tr><td rowspan="2">주격
목적격</td><td>대명사</td><td colspan="3">-</td><td rowspan="2">oricâţi</td><td colspan="2" rowspan="2">oricâte</td></tr>
<tr><td>형용사</td><td colspan="2">oricât</td><td>oricâtă</td></tr>
<tr><td rowspan="2">소유격
여격</td><td>대명사</td><td colspan="3" rowspan="2">-</td><td colspan="3">oricâtora</td></tr>
<tr><td>형용사</td><td colspan="3">oricâtor</td></tr>
</table>

예:
Să vină oricâţi (prieteni)!

⑮ oricare 누구든지

		단수			복수		
		남성	중성	여성	남성	중성	여성
주격 목적격	대명사	oricare			-		
	형용사						
소유격 여격	대명사	oricăruia		oricăreia	oricărora		
	형용사	oricărui		oricarei	oricăror		

예:
oricare (om)
oricărui om - oricăruia

8) 부정대명사 및 형용사(Pronemele şi adjectivul negativ)

① nici unul/nici un

격 \ 수		단수		
		남성	중성	여성
주격 목적격	대명사	nici unul		nici una
	형용사	nici un		nici o
소유격 여격	대명사	nici unuia		nici uneia
	형용사	nici unui		nici unei

예:
nici un doctor-nici unul
nici unui copil-nici unuia

② nimeni 아무도 ~ 아니다

수 / 격	단수		
	남성	중성	여성
주격 목적격	nimeni		
소유격 여격	nimănui		

예:

N-a sunat nimeni.

N-o să răspundă nimănui la telefon.

③ nimic 아무것도 ~ 아니다

수 / 격	단수		
	남성	중성	여성
주격 목적격	nimic		
소유격 여격	-		

예:

N-am cumpărat nimic.

5. 수(Numeralul)

1) 기수(Numeralul cardinal)

<table>
<tr><th colspan="2">수 + 무관사명사</th><th colspan="2">수 + de + 무관사명사</th></tr>
<tr><td>1 unu-un(+남성명사)
una-o(+여성명사)
2 doi(+남성명사)
două(+여성명사)
3 trei
4 patru
5 cinci
6 şase
7 şapte
8 opt
9 nouă
10 zece</td><td>11 unsprezece
12 doisprezece
douăsprezece
13 treisprezece
14 paisprezece
15 cin(ci)sprezece
16 şaisprezece
17 şaptesprezece
18 optsprezece
19 nouăsprezece</td><td colspan="2">20 douăzeci
21 douăzeci şi unu(+남)
douăzeci şi una(+여)
22 douăzeci şi doi(+남)
douăzeci şi două(+여)
23 douăzeci şi trei
30 treizeci
40 patruzeci
50 cin(ci)zeci
60 şaizeci
70 şaptezeci
80 optzeci
90 nouăzeci</td></tr>
<tr><td colspan="2">100 o sută
101 o sută unu
111 o sută unsprezece
121 o sută douăzeci şi unu

1000 o mie
1001 o mie unu
1011 o mie unsprezece
1021 o mie douăzeci şi unu
1100 o mie o sută</td><td colspan="2">10,000 zece mii

100,000 o sută de mii

1,000,000 un milion</td></tr>
</table>

2) 집합:

① amândoi 양쪽의

<table>
<tr><th>성 / 격</th><th>남성</th><th>중성</th><th>여성</th></tr>
<tr><td>주격
목적격</td><td>amândoi</td><td colspan="2">amândouă</td></tr>
<tr><td rowspan="2">소유격
여격</td><td colspan="3">amânduror</td></tr>
<tr><td colspan="3">amândurora</td></tr>
</table>

예:
amândoi prietenii
amânduror prieteniolr

② ambii 양쪽의 (amândoi 와 다름, 여격형태를 취하지 않음)

<table>
<tr><th>성 / 격</th><th>남성</th><th>중성</th><th>여성</th></tr>
<tr><td>주격
목적격</td><td>ambii</td><td colspan="2">ambele</td></tr>
<tr><td>소유격
여격</td><td>ambilor</td><td colspan="2">ambelor</td></tr>
</table>

예:
ambii prieteni
ambilor prieteni

3)서수(Numeralul ordinal):

① 첫 번째

<table>
<tr><th rowspan="2">수 / 격</th><th colspan="3">단수</th><th colspan="3">복수</th><th rowspan="2">예:</th></tr>
<tr><th>남성</th><th>중성</th><th>여성</th><th>남성</th><th>중성</th><th>여성</th></tr>
<tr><td rowspan="2">주격
목적격</td><td colspan="2">primul</td><td>prima</td><td>primii</td><td colspan="2">primele</td><td>prima bancă</td></tr>
<tr><td colspan="2">întâiul</td><td>întâia</td><td>întâii</td><td colspan="2">întâile</td><td>întâiul copil</td></tr>
<tr><td rowspan="2">소유격
여격</td><td colspan="2">primului</td><td>primei</td><td>primilor</td><td colspan="2">primelor</td><td>primei bănci</td></tr>
<tr><td colspan="2">întâiului</td><td>întâii</td><td colspan="3">întâilor</td><td>întâiului copil</td></tr>
</table>

② 2 이상일 경우:

<table>
<tr><th colspan="2">형태 / 격</th><th colspan="2">서수 + 무관사 명사</th><th colspan="2">정관사 명사+서수</th></tr>
<tr><td rowspan="3">주격
목적격</td><td>남성</td><td rowspan="2">(cel de) al</td><td rowspan="2">기수 + lea</td><td rowspan="2">al</td><td rowspan="2">기수 + lea</td></tr>
<tr><td>중성</td></tr>
<tr><td>여성</td><td>(cea de) a</td><td>기수 + a</td><td>a</td><td>기수 + a</td></tr>
<tr><td rowspan="3">소유격
여격</td><td>남성</td><td rowspan="2">celui de-al</td><td rowspan="2">기수 + lea</td><td rowspan="2">(celui de) al</td><td rowspan="2">기수 + lea</td></tr>
<tr><td>중성</td></tr>
<tr><td>여성</td><td>celui de-a</td><td>기수 + a</td><td>(celei de) a</td><td>기수 + a</td></tr>
</table>

예:

(cel de) al treilea (concurent) - concurentul al treilea
celui de-al treilea (concurent) - concurentului (celui de) al treilea

6. 전치사(Prepoziţia)

asupra, contra, deasupra, dedesubtul, înaintea, înapoia, îndărătul, împotriva, împrejurul	+ 소유격
datorită, mulţumită, graţie asemănător, caracteristic, conform, contrar, favorabil corespunzător, potrivit, specific, asemenea	+ 여격
ca, cu, către, de, din, după, fără, în, între, la, lângă, pe, pentru, peste, până, prin, spre, sub, despre, dinspre, dintre, înspre, printre, de la, de către, de pe, fără de, pe la, pe lângă, până la	+ 목적격

7. 동사의 유형(Clasificarea verbelor)

루마니아어 동사의 유형은 기본형의 어미 형태에 따라 5가지 유형(-a, -ea, -e, -i, -î)으로 구분된다. 한편 -a, -i 및 -î로 끝나는 동사들은 현재 인칭 변화에서 활용어미의 유무에 따라 각기 두 가지 형식을 취한다.

-e 동 사			-ea 동 사
a coborî 내려오다	a hotărî 결정하다	a merge 가다	a vedea 보다
cobor cobori coboară coborâm coborâţi coboară	hotărăsc hotărăşti hotărăşte hotărâm hotărâţi hotărăsc	merg mergi merge mergem mergeţi merg	văd vezi vede vedem vedeţi văd

- a 동 사		- i 동 사	
a cumpăra 사다	a deranja 방해하다	a veni 오다	a numi 부르다
cumpăr cumperi cumpără cumpărăm cumpăraţi cumpără	deranjez deranjezi deranjează deranjăm deranjaţi deranjează	vin vii vine venim veniţi vin	numesc numeşti numeşte numim numiţi numesc

8. 동사의활용(Conjugarea verbelor regulate)

동사 / 시제	a cânta	a merge	a vedea	a veni	a coborî
직설법 현재	cânt cânţi cântă cântăm cântaţi cântă	merg mergi merge mergem mergeţi merg	văd vezi vede vedem vedeţi văd	vin vii vine venim veniţi vin	cobor cobori coboară coborâm coborâţi coboară
불완료 과거	cântam cântai cânta cântam cântaţi cântau	mergeam mergeai mergea mergeam mergeaţi mergeau	vedeam vedeai vedea vedeam vedeaţi vedeau	veneam veneai venea veneam veneaţi veneau	coboram coborai cobora coboram coboraţi coborau
단순과거	cântai cântaşi cântă cântarăm cântarăţi cântară	mersei merseşi merse merserăm merserăţi merseră	văzui văzuşi văzu văzurăm văzurăţi văzură	venii venişi veni venirăm venirăţi veniră	coborâi coborâşi coborî coborârăm coborârăţi coborâră
대과거	cântasem cântaseşi cântase cântaserăm cântaserăţi cântaseră	mersesem merseseşi mersese merseserăm merseserăţi merseseră	văzusem văzuseşi văzuse văzuserăm văzuserăţi văzuseră	venisem veniseşi venise veniserăm veniserăţi veniseră	coborâsem coborâseşi coborâse coborâserăm coborâserăţi coborâseră
접속법	să cânte	să meargă	să vadă	să vină	să coboare
과거분사	cântat	mers	văzut	venit	coborât

9. 불규칙 동사(Conjugarea verbelor neregulate)

시제 \ 동사	a fi	a da	a sta	a şti	a avea
직설법 현재	sunt eşti este suntem sunteţi sunt	dau dai dă dăm daţi dau	stau stai stă stăm staţi stău	ştiu ştii ştie ştim ştiţi ştiu	am ai are avem aveţi au
불완료 과거	eram erai era eram eraţi erau	dădeam dădeai dădea dădeam dădeaţi dădeau	stăteam stăteai stătea stăteam stăteaţi stăteau	ştiam ştiai ştia ştiam ştiaţi ştiau	aveam aveai avea aveam aveaţi aveau
단순과거	fusei fuseşi fu(se) fuserăm fuserăţi fu(se)ră	dădui dăduşi dădu dădurăm dăduraţi dădură	stătui stătuşi stătu stăturăm stăturăţi stătură	ştiui ştiuşi ştiu ştiurăm ştiurăţi ştiură	avusei avuseşi avu(se) vuserăm avuserăţi avu(se)ră
대과거	fusesem fuseseşi fusese fuseserăm fuseserăţi fuseseră	dădusem dăduseşi dăduse dăduserăm dăduserăţi dăduseră	stătusem stătuseşi stătuse stătuserăm stătuserăţi stătuseră	ştiusem ştiuseşi ştiuse ştiuserăm ştiuserăţi ştiuseră	avusesem avuseseşi avusese avuseserăm avuseserăţi avuseseră
접속법	să fie	să dea	să stea	să ştie	să aibă
과거분사	fost	dat	stat	ştiut	avut

동사 시제	a bea	a lua	a vrea	a mânca
직설법 현재	beau bei bea bem beţi beau	iau iei ia luăm luaţi iau	vreau vrei vrea vrem vreţi vor	mănânc mănânci mănâncă mâncăm mâncaţi mănâncă
불완료 과거	beam beai bea beam beaţi beau	luam luai lua luam luaţi luau	voiam/ vream voiai/ vreai voia/ vrea voiam/ vream voiaţi/ vreaţi voiau/ vreau	mâncam mâncai mânca mâncam mâncaţi mâncau
단순과거	băui băuşi bău băurăm băurăţi băură	luai luaşi luă luarăm luarăţi luară	vrui vruşi vru vrurăm vrurăţi vrură	mâncai mâncaşi mâncă mâncarăm mâncarăţi mâncară
대과거	băusem băuseşi băuse băuserăm băuserăţi băuseră	luasem luaseşi luase luaserăm luaserăţi luaseră	vrusem vruseşi vruse vruserăm vruserăţi vruseră	mâncasem mâncaseşi mâncase mâncaserăm mâncaserăţi mâncaseră
접속법	să bea	să ia	să vrea	să mănânce
과거분사	băut	luat	vrut	mâncat

II. 역사(Istorie)

남·동 유럽지역엔 서력기원전부터 고대 인도-유럽어민족의 한 종족인 트라코-다키아(Thraco-Dacia)인들이 정착하여 거주하고 있었으며, 그 중에서도 루마니아 영토에 해당하는 지역엔 다키아인들이 B.C. 1세기 초에 부레비스타 왕의 통치 하에서 소왕국을 건립하였던 것으로 알려지고 있다.

그러나 다키아 왕국은 데체발 왕이 지배하던 A.D. 101~102년과 105~106년 두 차례에 걸친 로마군대와의 대 접전끝에 트라얀 황제가 친히 진두 지휘하는 로마군대에 패배하여 107년에 로마제국의 관할 행정지방으로 편제되었고, 그 후 170여 년 간 로마제국의 통치하에 처하게 되었다.

로마제국의 새로운 식민지인 다키아 지방엔 제국내의 여러 지방으로부터 -그러나 실제로는 주로 남·동유럽의 인근지역으로부터- 수많은 이주민들이 이주해왔으며, 이와 같은 연유로 다키아엔 로마문화 및 라틴어가 비교적 집중적으로 보급되었던 것으로 알려 지고 있다. 특히 212년 카라칼라 황제의 칙령에 따라서 로마제국내의 정상적인 주민들에게 로마시민권이 부여됨으로써 다키아 주민들로 하여금 대 로마제국의 시민이라는 자부심을 갖게 해주었으며, 이러한 소속감은 그 후 로마제국이 3세기말에 게르만 민족의 한 종족인 고트족의 침략으로 인해 이 지역에 대한 통치권을 포기하였고, 그 후 여러 민족들이 다키아를 침략하여 일시적이나마 새로운 주인이 되었음에도 불구하고 루마니아인들의 선조들이 그들에 동화되지 않고 오늘날까지 로마제국의 전통을 보존할 수 있었던 원동력이 되었던 것이다.

275년부터 375년까지 100여 년에 걸쳐 고트족이 다키아 지방의 새로운 주인으로 군림한 후 우리에게는 흉노족으로 알려지고 있는 아시아계인 훈족이 80여 년간을 지배하고 물러난 후 비교적 온순한 게르만 민족으로 알려진 게피드족이 또 다시 100여년

동안을 머물며 같은 게르만 민족의 한 종족인

랑고바르드족과 이 지역의 패권장악을 위하여 치열한 민족 상전을 치루는 와중에 터키의 기마 민족인 아바르족을 전쟁터로 불러들이게 된다. 그러나 이들은 이러한 혼란기를 틈타 점점 남·동유럽 및 발칸지역으로 몰려드는 슬라브 민족에게 마침내 자리를 양보할 수밖에 없게 되었다.

따라서 이 지역엔 7세기 말엽부터 로마문화를 계승한 주민들과 슬라브 주민들간의 양대 문화가 공존하였고, 9세기 중엽에 접어들면서 다뉴브강 이북 지역에선 슬라브 주민들이 점차적으로 로망스 주민들에 동화되었으며, 다뉴브강 이남 지역에선 슬라브인들이 입지를 확고히 하는데 성공함으로써, 그 곳에 거주하고 있었던 로망스 주민들이 그들의 본거지 중의 한 곳이었던 다뉴브강가를 떠날 수밖에 없었다.

그 후 루마니아 민족이 세계사에서 등장하는 것은 12세기 초 키에프 지방의 한 수도원의 수도사에 의해서 쓰여진 러시아의 네스토르(Nestor) 연대기와 헝가리의 익명의 궁중 사가에 의해서 작성된 게스타 훈가로룸(Gesta Hungarorum) 등에서 언급되고 있는 블라흐족(Blachii, Volochi, Vlahi 등)에 관한 문헌들로서, 이 어휘는 오늘날 밝혀진 바에 의하면 남·동유럽 지역의 로망스 민족, 즉 루마니아인들의 선조를 일컫는 말로서 고지 독일어휘인 Walha 로부터 유래하여 슬라브인들, 고대 그리스인들, 헝가리인들 등에 의해 각기 그들의 발음 표기법에 따라 와전된 반면, 루마니아인들은 스스로를 라틴어휘 romanus 에서 유래된 rumâni, rumenos 등과 같은 표현을 사용하였다.

루마니아의 봉건 국가 형태인 두 공국, 즉 발라키아와 몰다비아가 각각 13세기 말엽과, 14세기 초에 그 모습을 들어내기 시작하면서, 루마니아 역사는 오스만 터키제국의 서방 정책에 대한 끊임없는 투쟁들로 점철된다.

발칸 반도에서 터키 민족의 침입은 이 지역 국가들의 독립성을 크게 위협하였을 뿐만 아니라, 정치・경제 및 사회구조에 지대한 영향을 끼쳤으며 중세 이후 자주적인 정치・경제 발전에 커다란 장애요인이 된다.

중세 이후 루마니아는 외적으론 상기된 바와 같이 터키 제국의 영토 확장 정책에 투쟁하여야 하는 한편, 내적으론 농민들이 요구가 점점 거세지면서 점차 그들을 예속시키는 봉건제도에 대항하는 사회적인 운동에 직면할 수밖에 없게 되었다.

일화로서 터키 군대가 세르비아를 침공하기 위하여 우선 루마니아의 공국들을 정복하려 하자, 애국심의 발로로 잔인한 방법을 동원하여서라도 조국을 지키려 하였기 때문에 오늘날 '드라큘라' 백작으로 알려진 발라키아의 블라드 4세(Vlad IV.)는 상인들의 도움을 얻어 지주 귀족들로부터 독립된 농민 군대를 결성하여, 1462년 여름 터키의 모하메드 2세가 발라하이를 침략하였을 때 '불타는 대지'라는 고전적인 전략으로 터키군대를 물리쳤다. 그러나 그의 이러한 공적에도 불구하고 후임자인 그의 동생 라두(Radu cel Frumos)는 지주 귀족들 편을 들어줌으로써, 다시 터키에 유리한 입장을 제공하였다. 1475년 터키 군대가 루마니아를 완전히 장악하려는 의도하에 몰다비아까지 공격하였을 때, 몰다비아의 슈테판 대제(Stefan cel Mare)는 바슬루이(Vaslui)에서 터키 군대를 섬멸시킨다. 한편 트란실바니아 지방에선 1437~1438 보블라(Bobâlna) 반란에 이어 1514년 5월에 게오르게 도자(Gheorghe Doja)의 주도아래 대대적인 농민 봉기가 일어났으며, 이로 인해서 의무 경작제도가 도입되어졌다. 16세기 마지막 10년간은 발라키아의 용맹한 왕인 미하엘(Michael cel Viteaz)이 술탄제국의 군대를 패배시키고 짧은 기간 동안이나마 몰다비아, 트란실바니아와 함께 발라키아를 통일시켰다. 17세기엔 루마니아의 각처에서 농민들이 귀족계급에 대한 의무가 가중되면서 이를 더 이상 견딜 수가 없게 되자 농민들에 의한 동요로 국내・외적으로 불안한 한 세기를 보내야만 하였고, 이러한 농민들의 봉기는

18세기로 접어들면서 더욱더 격렬해 진다.

한편 오스만 터키제국은 1711년에서 1821년에 이르기까지 그리스의 파나리오트(Phanariot)가로 하여금 터키를 대신하여 루마니아의 몰다비아와 발라키아를 지배하게 하였으며, 이 지방들에는 각기 봉건 대지주인 군주가 그 지역의 영향력을 행사할 수 있도록 하였다. 그러나 이 기간에 농민들의 불만이 고조되었고 드디어 1821년에 투도르 블라드미레스쿠(Tudor Vladimirescu)의 지휘 아래 반 파나리오트 반란이 일어난다. 이 농민들의 반란은 진압되기는 하지만, 술탄제국으로 하여금 현지인 통치자(hospodar)를 지명하도록 하는 루마니아 농민들의 요구를 관철시키는데 성공하였다.

1828년 러시아와 터키 사이의 전쟁에서, 러시아가 승리함으로써, 러시아는 다뉴브 공국들에서 파나리오트인들을 쫓아내고 그 지역을 러시아인들이 점령하여 그들의 보호구역으로 만들었다.

1848년 루마니아의 자유민족주의자들의 주도하에 봉건군주의 타도를 위한 혁명이 일어난다. 이 혁명 또한 완전한 성공을 이루지는 못하지만 루마니아에 자본주의 사회제도가 도입되는 계기를 마련하게 된다.

크리미아전쟁(1853~1856)에서 러시아군대는 몰다비아와 발라키아로부터 그들의 군대를 철수시킨다는 조약이 유럽동맹국들에 의해 결정되었고, 오스만제국의 종주권 아래 이 지역의 지방자치제가 허용되었다. 1859년 몰다비아의 알렉산드루 쿠자(Alexandru Ion Cuza)가 몰다비아와 발라키아 양 공국의 군주로 선출되었고 1862년에 그의 통치권은 루마니아란 국가로서 두개 지역의 행정적 통합을 인정받게 되었다. 쿠자는 강력한 사회정치 개혁을 단행하였다. 그러나 1866년에 그는 그의 권좌에서 퇴임하게 되고, 1877~1878년 루마니아의 독립 전쟁을 이끌었던 독일왕가(Hohenzollern-Sigmaringen)의 칼(Karl) 왕자가 그 자리를 대신하게 되었다. 이윽고 1881년 칼 왕자는 루마니아의 카롤

(Carol) 1세 왕으로 등극하여 점차적으로 현대화와 산업화를 실시하였고, 외교정책으로는 모든 루마니아의 영토들을 통합시키는데 주력했다. 1913년 루마니아는 제2차 발칸전쟁에 참여하게 된다. 1914년 카롤 1세의 뒤를 그의 조카 페르디난드(Ferdinand)가 승계하였다. 1916년에 루마니아는 제1차 세계대전에서 동맹국(독일, 오스트리아, 항가리, 터키, 불가리아)에 대항하였다. 이 전쟁에서 결과적으로 연합국의 승리로 인해 1918년 12월 루마니아는 그 이전까지 오스트리아-헝가리의 영토였던 트란실바니아(Transilvania) 지방을 다시 차지하게 되었으며, 이와 더불어 베사라비아(Bessarabia) 지방까지 붕괴상태의 러시아제국으로부터 되돌려 받게됨으로써 루마니아 민족의 숙원인 단일 민족 국가를 실현할 수 있게 되었다.

1차 대전 직후에는 세계적인 경제 공황으로 인하여 루마니아 경제 역시 심한 침체현상을 겪게 되었고, 국민들의 생활이 악화되면서 1920년 총동맹 파업으로 치닫게 되었으며, 루마니아 사회주의자들의 이념적 무장과 노동자 운동의 약진을 기반으로 1921년 5월 마침내 루마니아 공산당이 창당되었다.

루마니아는 국제적 관심사에 적극 가담하였고, 부분적으로 국제연맹에 참여하여 체코슬로바키아와 유고 등과 함께 '소협상'을 성립시킴으로써, 종전 후 획득한 그들의 영토를 보전할 수 있게 된다.

1937년 말에 실시된 루마니아의 총선은 국내 정치에 대 전환점이 되었으며, 아울러 탄생한지 얼마 되지 않은 루마니아 의회를 마비시키는 결정적인 계기가 되었다. 이 총선에서 국민 자유당은 갖은 부정적인 수단을 동원했음에도 불구하고 결정적인 40%에 미치지 못하는 36%밖에 얻지 못하였고, 농민당이 21%를 득표하였다. 그리고 '철의 장막'이 16%의 지지를 받음으로써 의회에서 세 번째로 강한 정당이 되었다.

한편 옥타비안 고가(Octavian Goga)와 쿠자(Cuza)의 연합 정당인 기독 국민당은 9%를 넘지 못하는 지지만을 얻지만 카롤 왕에 의해 수권 연합 정당이 된다. 아무런 실권이 없는고가의 임시 정부가 출범한지 44일만인 1938년 2월 11일 카롤 2세는 전국에 계엄령을 발포하고, 의회를 해산시킨 후 국왕 단독 정권을 잡기 위하여 총 주교인 미론 크리스테아 (Miron Christea)가 형식적으로 이끄는 '국민 통합 정부'를 출범시키고 1940년 파시스트들과 우익당들에 의해 그 권좌를 물러나기까지 국왕 독재 정권을 유지하게 된다.

1940년 8월 히틀러의 간섭으로 루마니아에 파쇼적인 군사독재가 실시된다. 히틀러는 이탈리아와 루마니아를 강제적으로 빈(Wien)조약을 맺도록 한다. 루마니아는 소련에게 베사라비아(Bessarabia)와 부코비나(Bucovina) 지방을, 헝가리에게는 북부 트란실바니아 지역을 그리고 불가리아에겐 도브로제아(Dobrogea) 지방을 양도하게 된다.

그 후 정권을 쥔 친 독일파인 이온 안토네스쿠(Ion Antonescu) 장군의 지휘하에 루마니아는 독일주도의 대 소련 전에 참가하였으나, 적색군에 의한 즉각적인 패배에 직면한다. 이런 상황에서 미하엘(Michael) 왕과 루마니아 공산당은 1943년 6월 반 히틀러 애국전선을 조직하고 1944년 4월 사회민주당과 공동으로 노동자 연합전선을 결성할 것을 합의한다. 8월에 부쿠레슈티에서 반 파쇼 반란이 시작되었는데 이 반란은 2차 세계대전 중 다른 민주세력과 애국애족세력의 동맹을 토대로 한 루마니아 공산당의 반 히틀러 투쟁운동의 압권이었다. 이로써 안토네스쿠 장군이 주축이 되었던 파쇼적인 군사독재는 무너지고 루마니아는 연합국들과 동맹하여 히틀러 군대를 섬멸한다.

1945년 3월 민중투쟁으로 루마니아 역사상 최초로 페트루 그로자(Petru Groza)박사를 의장으로 한 민주정부가 세워졌으며 그 후 몇 년간 정치, 경제, 사회적으로 대폭적인 개혁이 실시된다. 1947년 12월 루마니아는 인민공화국으로 선포되며,

1948년 6월 중요한 공장과 은행, 보험, 운송회사들이 국영화됨으로써 계획경제 체제의 기틀이 마련된다. 1961년 10개년 계획이 착수되며, 1962년 초에 농업의 협동화가 완성되고, 1965년 8월에 새로운 헌법이 채택되면서 루마니아는 사회주의공화국으로 변모한다.

2차 세계 대전 중 루마니아에 적군을 진주시킨 스탈린 정부는 루마니아를 위성국으로 만들기 위해 이 지역에 공산정권을 세우기로 작정하고 친 소련파인 안나 파우커(Ana Pau ker)와 바실레 루카(Vasile Luca) 등이 루마니아의 권력을 장악하도록 후원하였으나 이에 반대하는 국내파 정치인들은 오랜 투쟁 끝에 게오르규 데지(Gheorghe Gheorghiu Dej)의 주도하에 1952년 마침내 친 소련파들을 숙청시키고 1953년 스탈린의 사망과 그 후계자인 흐루시쵸프의 탈 스탈린 정책의 기회를 노려 1958년 루마니아 내의 소련군을 철퇴시킨다.

루마니아가 소련의 동구권 경제통합정책에 대하여 반대를 표명하기 시작한 것은 1961년 10월에 개최된 루마니아 공산당 중앙위원회 총회에서 동구 사회주의제국을 경제적으로 소련에 예속시킴으로써 정치적인 통제를 꾀하려는 흐루시쵸프의 정책을 비난한 데서 발단된다. 1962년 6월 동유럽 국가 경제 상호 원조회의(COMECON)에서도 루마니아는 소련의 정책에 공식적으로 반대하는 입장을 취하고, 소련은 1963년 7월 모스크바에서 열렸던 코메콘국가 정상회담에서 이 정책을 철회하지 않을 수 없게 된다. 1964년 4월 루마니아는 공산당 중앙위원회에서 독자노선을 선언함으로써 국제정치에 있어서 루마니아의 탈 소련 입장을 정식으로 표명한다. 그 후 양국 간의 갈등은 1964년 10월 흐루시쵸프의 실각과 1965년 3월 게오르규 데지의 사망으로 일단 냉각기를 맞게되나 1965년 데지를 계승하여 새로운 서기장이 된 니콜라에 차우셰스쿠(Nicolae Ceauşescu)는 수상인 이온 게오르게 마우러(Ion Gheorghe Maurer)와 함께 자주노선을 고수할 것을 표명한다. 차우셰스크는 1967년 대통령인 스토이카(Chivu Stoica)를 축출시키고 자신이 서기장과 국가평의회 의장 격인 대통령직을 겸직하게 된다.

제2차 세계 대전 전까지만 해도 동구에서 가장 후진국 자리를 면치 못하였던 루마니아는 중앙집권적 계획경제 체제하에서 1950-78년간에 걸쳐 연 평균 9.9 %의 국민총생산(GNP)성장 율을 나타낼 정도로 경이로운 경제성장을 이룩한다. 1970년대 후반까지 급속도의 경제 성장을 달성하였던 루마니아 경제 구조상의 문제점이 드러나기 시작한 것은 1970년대 말부터이다. 루마니아의 지도층이 중공업 자원 개발 산업에 막대한 투자를 감행함으로써 국민들의 생활 수준 향상에 이바지하는 소비재 경공업과 서비스 공업 발전을 너무 무시한 데서 오는 산업간의 불균형과 경제성장에도 불구하고 국민의 생활여건이 개선되지 못하였으며, 이로 인하여 공업 종사 인구는 급격히 증가했지만 노동 생산성이 낮은 수준에 머물게 되었다. 루마니아 정부는 공업제품의 대외 수출을 확대하기 위해 서구로부터 막대한 비용을 들여 최신식 기계들을 도입 설치하였으나 이 기계들의 비효율적인 사용으로 인해 국제 수지상의 막심한 손해를 보게 된 것이다.

차우셰스쿠는 집권 초반의 국민적인 지지와 경제적인 급성장을 이룩한 것에 대한 자만심과 족벌들에 의한 일당 독재로 인하여 1970년대 말 이후 그의 통치는 인권남용과 경제정책의 실패 등에 의해 국민들의 불신을 받기 시작한다.

1989년 티미쇼아라에서 발발한 반 차우셰스쿠 폭동은 즉각 수도 부쿠레슈티와 그 밖의 도시들로 확산된다. 시민들의 혁명은 일부 대항하는 차우셰스쿠 측의 비밀경찰을 타도하게 되었고, 1989년 12월 독재자 차우셰스쿠 부부가 처형됨으로써 마침내 루마니아의 독재정권은 그 끝을 맞이하게 되었다.

1990년 2월 1일 루마니아의 반 차우셰스쿠 세력과 구 정권에 대항하던 공산주의자들이 연대한 구국전선(FSN)의 주도하에 이온 일리에스쿠(Ion Iliescu)를 대통령으로 하는 임시정부를 설립한다.

1990년 5월 20일 루마니아는 53년만에 첫 자유 총선을 실시하였고, 이 선거에서 구국전선의 후보들은 야당후보자에 대해 압도적인 승리를 기록하며, 페트레 로만(Petre Roman)을 내각 책임자로 하는 루마니아 초대 민주 정부가 출범한다. 그러나 1990년에 2회에 걸쳐 일어났던 일리에스쿠 대통령에 대항하는 시위 세력에 반대하는 수천 명의 광부들이 6월 14일 지우(Jiu) 계곡으로부터 일리에스쿠 정권을 지지하기 위해 수도권으로 쳐들어 와 강압적으로 시위대를 해산시키는 사건이 발생하였는데, 이는 일리에스쿠 정권이 광부를 이용하여 그 기반을 지키고자 했던 것으로 훗날 밝혀졌다. 이로써 루마니아의 대외적인 위상이 상당히 실추되었고, 국제사회로부터 스스로를 고립시키는 결과를 초래하게 되었다.

1992년 9월 실시된 총선에서 구국전선에서 분리한 루마니아 사회 민주당(PDSR)은 하원 총의석 328석 중의 117석을 차지했고, 143석의 상원 총의석 중에서 49석을 확보하였고, 여러 정당들이 연합한 루마니아 민주연합(CDR)은 하원에서 82석과 상원에서 34석을 얻음으로써 제 2의 연합 정당으로 대두하게 되었다. 동시에 실시된 대선에서 루마니아 사회민주당의 지지를 받았던 일리에스쿠 후보가 1차 투표에서 과반수를 확보하지 못하였으므로 10월 11일 실시된 2차 투표에서 일리에스쿠가 61%의 지지율을 얻어 민주 연합의 후보인 에밀 콘스탄티네스쿠(Emil Constantinescu) 후보를 제치고 대통령에 재선된다. 일리에스쿠 대통령은 1992년 11월 니콜라에 버커로이우(Nicolae Văcăroiu)를 총리로 하는 새로운 내각을 구성하지만 일부 정당들이 루마니아 사회 민주당과 연합하는 것에 반대하여 차선책으로 루마니아 통일국민당(PUNR), 대루마니아당(PRM), 사회노동당(PSM) 등과 같은 민족주의 정당 및 공산당들과 연합하게 된다.

그러나 루마니아 정부의 부단한 외교적인 노력의 대가로 루마니아는 국제사회에서 다시 신뢰를 회복하고 1993년 10월에 유럽회의(EC)에 정식 회원국이 되며, 1995년 2월엔 유럽 연합(EU)에 준 회원국이 된다.

1996년 10월과 11월에 실시된 루마니아의 총선 및 대선은 대내외적으로 루마니아의 제 2의 혁명으로 평가되고 있다. 루마니아 역사상 최초로 국제사회단체들이 지켜보는 가운데에서 평화적이고 정당한 방법으로 진정한 의미의 여당과 야당이 교체되는 정권교체가 이루어지는 순간을 맞이하게 된 것이다.

1996년 11월 3일 실시된 총선에선 기독민주농민당의 이온 디아코네스쿠(Ion Daiconescu)가 주도하고 있는 민주연합(CD)과 전 수상이었던 페트레 로만이 이끌고 있는 사회민주당(USD)과 트란실바나아 지방의 시인 마르코 벨라(Marco Bela)가 이끄는 루마니아 헝가리 민주 연합의 승리였으며, 11월 17일 실시된 대선 2차 투표에선 에밀 콘스탄티네스쿠 후보가 이온 일리에스쿠 후보를 55% 대 45%로 누르고 새로운 대통령으로 당선되었다.

빅토르 치오르베아(Victor Ciorbea)를 수상으로 하는 새로운 내각과 더불어 출범한 콘스탄티네스쿠 정부는 명실공히 민주정권이라는 명분 하에 루마니아가 국내적으로는 번영과 발전을 이루고, 국제사회에선 보다 굳건한 지위를 차지할 수 있도록 부단한 노력을 경주하고 있지만, 사회주의 계획 경제체제로부터 자유시장 경제체제로의 전환기점에서 겪고 있는 어려움은 오늘날 루마니아가 극복해야할 과제이다.

한국과 루마니아와의 관계는 1990년 3월 30일 양국이 수교한 후, 그 해 7월에 각 국의 대사관이 공식적인 업무를 개시하였으며, 같은 시기에 우리나라 기업들이 루마니아에 진출하였고, 한국외국어대학교와 루마니아의 부쿠레슈티대학교, 야쉬의 쿠자대학교 및 클루지대학교 간의 자매결연이 맺어졌다.

III. 일반정보(Informaţii generale)

루마니아는 유럽 남동부 발칸반도의 북동쪽에 있는 국가로서 237,500㎞의 면적에 인구는 22,651천명(1995.12.31)이다. 수도는 부쿠레슈티 (Bucureşti)이며 동쪽과 북쪽은 몰도바 공화국과 우크라이나, 서쪽은 헝가리와 유고슬라비아와 국경을 접하고 있으며, 남쪽은 다뉴브강을 경계로 하여 불가리아와 국경을 이루고 있으며, 남동쪽은 흑해에 면하고 있다.

관할 행정 지방 : 루마니아 영토는 역사적인 배경과 더불어 크게 3지방으로 구분된다.

① 문테니아(Muntenia) 지방:
광의의 문테니아 지방은 수도 부쿠레슈티(Bucureşti)를 중심으로한 루마니아의 남부지방에 해당되며, 협의의문테니아 지방은 남서쪽의 올테니아(Oltenia) 지방을 제외한 지역을 일컬음.

② 몰도바(Moldova) 지방:
야쉬(Iaşi)를 주 수도로 하고있는 루마니아의 북동 지방에 해당됨.

③ 트란실바니아(Transilvania): 클루지-나포카
(Cluj-Napoca)를 주 수도로 하고 있는 루마니아의 북서 지방에 해당됨.

국　　명 : 루마니아(România 로므니아)

국토 면적 : 237,499 Km²

인　　구 : 약 2,350만명

종　　교 : 그리스 정교(85%), 로마카톨릭(5%), 기타(10%)

종　　족 : 루마니아계(90%), 헝가리계(7%), 집시(2%), 독일계(0.5%), 우크라이나계(0.3%), 기타(0.2%)

공 용 어 : 루마니아어

수　　도 : 부쿠레슈티(Bucureşti)

주요도시 및 인구:

부쿠레슈티(Bucureşti): 2,300 천명
콘스탄차(Constanţa): 350 천명
야쉬(Iaşi): 343 천명
티미쇼아라(Timişoara): 334 천명
클루지-나포카(Cluj-Napoca): 328 천명
갈라치(Galaţi): 326 천명
브라쇼브(Braşov): 324 천명
크라이오바(Craiova): 304 천명

기　　후 : 루마니아의 기후는 3월말~4월초엔 거의 대부분의 지역이 영상을 기록하며 전형적인 봄 날씨를 보이는 냉온차가 심한 대륙성 기후로서, 봄과 가을은 짧고 여름과 겨울은 상대적으로 긴 편이다. 지역별로 해양성 또는 지중해성 기후의 영향을 받고 있으나 한국의 기후와 흡사해 4계절의 평균기온도 비슷한 편이나 습도가 낮은 것이 차이점이다.

기　　온 : 연평균 기온은 남쪽은 섭씨 10도, 북쪽은 8.5도이며 늦가을에는 비가 많이 오며, 연 평균 강우량은 737 m/m이다.

수도 부쿠레슈티의 월 평균 기온(℃)

월	1	2	3	4	5	6	7	8	9	10	11	12
온도	-6.4	-8.0	1.4	12	19.1	18.7	20.1	19.2	18.1	13.1	4.0	-0.8

시차 : GMT+2 (한국보다 7시간 늦음)

국 제 공 항:

오토페니(Otopeni) 공항:

부쿠레슈티 북쪽 외곽 18Km 지점에 위치하고 있음.

국 제 항 구:

콘스탄차(Constanţa) 항:

흑해안에 위치하고 있음.

갈라치 (Galaţi) 항:

다뉴브강 하류에 위치하고 있음.

화 폐 단 위:

단수: 레우(Leu)

복수: 레이(Lei)

주로 복수 레이(Lei)로 통용됨

화 폐 종 류:

지폐: 500, 1000, 5000, 10,000, 50,000, 100,000레이

동전: 100, 500레이

공 휴 일 :

신년휴일: 1월 1일~2일

부활절: 4~5월 중 이틀

근로자의 날: 5월 1일

연합 기념일: 12월 1일~2일

크리스마스 연휴: 12월 25일~26일

대중교통수단:

버스(Autobuz 아우토부즈)
전차(Tramvai 트람바이)
버스 전차 혼합형(Troleibuz 트롤레이부즈)
지하철(Metrou 메트로우)
기차(Tren 트렌)
택시(Taxi 탁시)

긴급전화 번호:

화재신고: 981
엠블런스: 961
경찰신고: 955
콜택시: 941, 953, 956
시외전화: 991
국제전화: 971